KB213527

브랜드, 결국 이야기다

2
CONCEPT

3
FAÇADE

브랜드,
결국 이야기다

김콜베 지음

1
NAME

4
ZONE

5
MISE EN
SCENE

팔지 마라,
말을 걸어라

6
VIBE

위즈덤하우스

100명이
한 번씩만 찾는
브랜드

vs

한 명이
100번씩 찾는
브랜드

'브랜드를 만든다.'
저는 15년 넘게 이 말이 의미하는 바가
무엇인지 고민해오고 있습니다.

도대체 브랜드를 만든다는 게 무엇일까요?
'제대로' 만들어진 브랜드는 어떤 모습일까요?

살다 보면 우연히 접한 글귀 하나가
자신의 당시 관심사와 맞물려
원작자의 의도와는 상관없이 영향을 주는 경우가 있죠.
임마누엘 칸트의 말이 저에게는 아래 문장으로,
아주 약간 굴절되어 다가왔습니다.

Gedanken ohne Inhalt sind leer,
Anschauungen ohne Begriffe sind blind.

내용 없는 사유는 공허하고,
개념 없는 직관은 맹목적이다.

↓

감각 없는 개념은 공허하고,
개념 없는 감각은 맹목적이다.

어떤 브랜드의 경우 철학과 콘셉트, 즉 개념은 너무나 근사한데, 실체를 들여다보면 물음표가 뜨는 경우가 있습니다.

그럴듯해 보이는 말로 열과 성을 다해 나를 설득하지만 특별할 것 없는 감각적 경험에 도저히 마음이 움직이지 않았던 경우가 더러 있으실 겁니다. 공허하죠. '감각 없는 개념은 공허하다'는 메시지처럼요.

반대로 투박하고 세련되지 못한 행색에 관심을 주지 않았는데, 나중에 우연히 접했을 때 단단한 기본기와 질적 완성도에 놀랐던 브랜드도 있으실 겁니다.

'조금만 더 개념적으로 명확하고, 흥미롭게, 세련된 방식으로 다가왔다면 그냥 지나치지 않을 텐데…'

이럴 때는 맹목적인 브랜드의 접근 방식이 무척 아쉽기도 합니다.

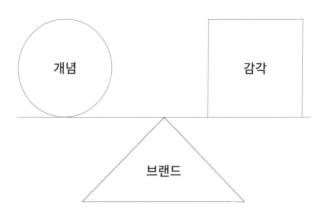

결국, 브랜드를 만드는 것은
'개념'과 '감각'을 균형 있게
쌓아 올려가는 과정이 아닐까요?

이 책에서는 바로 브랜드의 개념,
즉 브랜드의 이야기 구조를 만드는 새로운 방식,
'BSA'를 제안합니다.

브랜드 이야기 설계 구조
(Brand Story Architecture)

브랜드명(NAME)

콘셉트 (CONCEPT)

파사드 (FAÇADE)

존 (ZONE) **미장센 (MISE EN SCENE)**

바이브(VIBE)

사람들의 오감을 자극할 우리만의 실체가 준비되었다면, 건축물을 짓는다고 생각하고 이야기(개념) 구조를 설계해보세요. 이야기 구조를 어떻게 세우고 채울 수 있느냐고요? 이 책에서는 브랜드의 이야기를 설계하는 'BSA(Brand Story Architecture)'라는 도구를 제안합니다.

BSA는 브랜드 이야기(개념)의 틀과 같습니다. 여러분이 이 틀을 체계적으로 채울수록 탄탄하고 매력적인 브랜드 이야기가 완성될 겁니다. 그럼 고객들은 더 풍부하게 브랜드의 실체를 바라보고 즐기게 될 것입니다.

이야기(개념) 구조를 먼저 설계한 뒤에 이에 맞추어 실체를 탄탄하게 만드는 것도 좋은 방법입니다. 중요한 건, 실체(감각)와 이야기(개념)의 균형이니까요.

자, 본격적인 내용에 들어가기 앞서 이 책, 《브랜드, 결국 이야기다》의 집필 의도와 목표를 먼저 알려드리고 싶습니다.

여러분에게 핵심 내용 세 가지를 튜토리얼로 설명드립니다.

TUTORIAL

1. 이 책은 브랜드의 '탄생' 과정에 초점을 맞춥니다.

단적인 예로, 브랜드 아마존의 웅장한 현재 모습보다는 초기의 '온라인 서점'이 탄생하게 된 과정을 다루는 것이 이 책의 관심사입니다. 언젠가 나의 브랜드를 만들고 싶은 분, 혹은 브랜드를 운영하고 있지만 조금 더 원점에서 체계를 단단히 갖추고 싶은 분들에게 실질적 도움을 드리는 것이 목표입니다.

2. 본질 없는 이야기는 공허합니다.

이 책을 제대로 활용하기 위해서 나의 브랜드가 일정 수준 이상의 본질적 퀄리티를 갖추는 것은 기본입니다. 감각적 경험에 대한 고민과 노력 없이, 그럴듯해 보이는 개념만 얄팍하게 추구하는 것은 올바른 접근 방식이 단연코 아닙니다. 지금 이 순간에도 사람들에게 감동적인 경험을 선물하기 위해 묵묵히 정진하고 있는 분들에게 이 책이 닿았으면 합니다.

3. '저자의 창작 과정 훔쳐보기'가 이 책의 차별점입니다.

잘 알려진 브랜드의 성공 사례를 전시하는 것은 최대한 지양하고, 저의 작업 과정을 세세하게 보여드리고자 합니다. 제가 만든 브랜드 결과물에 대해서는 보는 이에 따라 그 의견과 감상이 다를 수 있습니다. 단, 어디서부터 어떻게 브랜드를 만들어가야 할지 '과정'이 막막한 분들에게는 이 책이 분명 도움을 드릴 수 있다고 자부합니다.

차 례

프롤로그

100명이 한 번씩만 찾는 브랜드   004
vs 한 명이 100번씩 찾는 브랜드

STEP 1. →
브랜드 이야기의 구조 이해하기

이야기가 없는 브랜드는 불안하다   016

저절로 입소문이 나는 브랜드의 조건   020

이야기는 건축을 닮았다   024

이야기 설계의 중요성   032

이야기 구조의 여섯 가지 핵심 단계   044

가장 강력한 이야기 설계 도구, BSA   058

STEP 2. →
BSA의 시작, 육하원칙 콘셉트 설계하기

육하원칙에서 모든 이야기가 시작된다   072

선명한 콘셉트, 육하원칙 질문으로 설계하라   078

세계관을 구축한다는 것   088

'누가(WHO)?'로 콘셉트 만들기   094

└ WHO 사례 : 이도맨숀   104

'언제(WHEN)?'로 콘셉트 만들기   110

└ WHEN 사례 : 성수연방   117

'어디서(WHERE)?'로 콘셉트 만들기   124

'무엇을(WHAT)?'로 콘셉트 만들기   134

└ WHERE+WHAT 사례 : 집무실   142

'어떻게(HOW)?'로 콘셉트 만들기   148

└ HOW 사례 : 맥심 도슨트   155

'왜(WHY)?'로 콘셉트 만들기   160

STEP 3.

BSA로 이야기 디테일 설계하기

파사드, 브랜드의 첫인상 만들기   170

조닝, 이야기를 심을 곳 구획하기   180

미장센, 이야기 심기   188

바이브, 눈에 보이지 않는 것 설계하기   218

네이밍, 마음에 오래 남는 브랜드명 짓기   222

STEP 4.

BSA 실전 연습 : 가상의 브랜드 만들어보기

'누가(WHO)?'로 카페 브랜드 이야기 만들기   232

'언제(WHEN)?'로 인테리어 브랜드 이야기 만들기   246

'어떻게(HOW)?'로 뷰티 브랜드 이야기 만들기   258

'무엇을(WHAT)?'로 사우나 브랜드 이야기 만들기   270

에필로그

당신의 '텅 빈 브랜드'에 이 책이 꼭 필요한 이유   281

STEP 1.

브랜드 이야기의
구조 이해하기

무언가를 설계하기 위해서는 기본 구조에 대한 이해가 필요합니다.

이번 장에서는 매력적인 이야기란 무엇인지 고찰해보고, 가상의 사례와 실제 사례를 섞어가며 브랜드 이야기의 기본 구조에 대한 이해도를 높이는 시간을 가져보도록 하겠습니다.

이야기가 없는
브랜드는 불안하다

Brand Communication & Design

브랜드 커뮤니케이션 & 디자인. 제가 '엔스파이어(en-spire)'라는 브랜딩 에이전시를 8년 동안 운영하며 우리가 하는 일을 정의할 때 사용했던 언어입니다.

'소비자들에게 전달하고 싶은 말은 참 많은데'

이를 제대로 전달하지 못해서 어려움을 겪고 있는 브랜드들이 많다고 생각했습니다. 이들을 위해 언어 체계를 명확히 매만지고, 시각적으로 잠재 소비자들에게 매력적으로 다가갈 수 있는 결과물을 만드는 것이 우리의 일이었죠.

브랜드 로고, 컬러 규정, 핵심 디자인 요소 및 BI 애플리케이션 개발, 톤 오브 보이스(Tone of Voice) 규정까지…. 소위 브랜딩, 디자인 업계에서 제공하는 서비스 항목들을 빠짐없이, 그리고 아주 성실히 제공해 나갔죠. 그렇게 업력이 쌓여가며 저의 자신감과 자부심도 쌓여만 갔습니다.

"브랜딩이 점점 중요해지는 것 같아서 의뢰드리고 싶었습니다. 저희는 이런 브랜드인데요…."라고 조심스럽게 첫 마디를 꺼내는 고객과의 미팅을 마치고, 저는 3~4개월 프로젝트에 수천만 원을 호가하는 견적서를 자신 있게 내밀었습니다. 시간이 흘러 프로젝트 종료일에는 그동안 수고해줘서 고맙다는 고객의 인사를 감사하고 달콤하게 받아들이며 저는 후련하게 다음 프로젝트로 넘어갔죠.

사실 프로젝트의 마지막 미팅에서 수개월을 함께한 고객분들의 '찰나의 불안감'을 포착한 적이 있었는데요. 그때 저는, 그 불안감을 심각하게 해석하지 않았습니다.

'아니, 서로 감사하며 프로젝트가 잘 종료되었는데, 내가 굳이 고객의 미세한 반응을 더 유추하고 해석할 필요가 있을까?'

그렇게 숨 가쁘게 8년이라는 시간이 흘렀습니다.

2020년, 우리 모두가 기억하는 코로나가 창궐했고 저는 공유 오피스 '집무실(執務室)'을 시장에 선보일 기회를 얻었죠.

지난하게 반복되는 운영의 시간을 몇 사이클 돌고 나니, 그 당시 고객분들의 '찰나의 불안감'을 굳이 해석할 필요가 없게 되더군요.

애초에 전제가 잘못되었던 것입니다. 고객은 어쩌면, 저와 함께한 브랜드 프로젝트에서 이런 불안과 고민을 갖고 있었던 겁니다.

- 소비자들에게 할 수 있는 이야기가 참 부족하다.
- 매력적이고 차별적인 이야기도 없이, 시각적으로 아름다워 보이는 무기만 든 채로 전쟁터에 나가는 것이 불안하다.

이 불안감을 낮추기 위해서는 '어떤' 이야기를 '어떻게' 준비해야 하는 것일까? 이야기가 텅 비어 있는 브랜드들이 공통적으로 갖고 있는 문제들을 인식하게 된 것이지요. 제가 '이야기'라는 것에 탐닉하기 시작한 첫 순간으로 기억됩니다.

저절로 입소문이 나는 브랜드의 조건

최근에 소비했던 제품, 서비스의 경험이 너무 좋아서 주변에 추천했던 적이 있으신가요? 어떤 '말'로 여러분의 경험을 전달하셨나요? 저는 아래의 '이야기'들을 친구, 지인, 가족들에게 최근에 전했습니다.

"젠틀 몬스터가 새롭게 선보인 젠몬 고등학교 캠페인을 보러 하우스 도산에 다녀왔어. 학교를 모티브로 초대형 가방이나 사물함들이 전시되어 있더라고. 사진 찍고 놀기 좋더라. 학생증도 발급할 수 있어서 만들어봤어."

"이번에 카멜 사장님이 노티드 도넛으로 유명한 'GFFG'라는 회사와 협업해서 미뉴트 빠비용이라는 추로스 브랜드를 런칭했길래 다녀왔어. 카멜 특유의 인테리어와 바삭한 추로스가 좋더라고."

"파이브 가이즈를 한국에 런칭하는 일을 담당했던 선배 형님의 말을 들어보니 미국 본사에서 무엇보다도 '감자'의 질을 중시했다고 하더라고. 본사의 기준을 통과하기 위해 1년 넘게 공들였던 이야기를 들으니 너무 흥미롭더라."

누가 시키지도 않았는데 내 스스로가 메신저가 되어 마구 떠들었던 이야기들 그리고 그 순간들…. 도대체 고객들 사이에서 저절로 입소문이 나는 이야기는 무엇일까, 어떤 이야기가 누군가를 이토록 자발적으로 행동하게 하는 것일까 궁금했습니다.

- 구매하기 전, '이 브랜드는 나를 매혹시켜. 사야 해!' 하고 구매의 당위성을 높여주는 이야기
- 구매하고 난 후, '이 브랜드를 통해 나를 정의할 수 있어! 나를 대변해.'라는 생각이 들어 타인에게 소문 내고 싶어지는 이야기
- 진정으로 이 브랜드가 흥미롭다고 느꼈기에 내가 애정하는 사람도 알았으면 하는 마음에 공유했던 이야기

저는 '브랜드 스토리 빌더(Brand story builder)'로서 성공한 브랜드가 고객들에게 전달해온 이야기들의 공통점을 단순히 발견하는 것을 넘어, 좋은 이야기를 '만들어내는' 데 도움을 주는 유용한 도구를 제시하는 것이 필요하다고 생각하게 되었습니다.

3대째 이어 내려오는 역사와 이야기 가득한 브랜드의 후손이 아닌 이상, 보통의 삶을 살고 있는 우리 대부분은 내가 가진 이야기가 부족하다, 혹은 부재하다고 느낍니다.

제 관점에서 보면, 이것은 이야기를 '설계'하는 것에 익숙하지 않다고 표현하는 것이 더 정확해 보입니다. 제 경험상 적어도 브랜드 세계에 있어서만큼은, 매력적인 이야기 구조를

먼저 만든 다음, 그 후에 실체를 구현하는 방식이 더 순조로울 수 있거든요.

브랜드 이야기를 만들어 나가는 과정에서 꼭 짚고 넘어가야 하는 질문들이 있습니다. 이 질문들은 브랜드를 준비하고 있거나, 운영 중인 여러분이 막막함을 느끼던 지점과 맞닿아 있을 겁니다.

▪ 큰 틀에서 나는 어떤 브랜드 이야기 구조를 만들어야 하는가?
▪ 현재 내가 가진 자원과 실체들 중에서, 어떤 부분이 이야기 측면에서 매력이 부족하고 허술해 보이는가?
▪ 그 부분을 어떤 방식으로 채워 나갈 수 있는가?

위 질문들에 도움이 되는 관점을 이 책을 통해 체계적으로 제시해드리겠습니다. 이를 통해 브랜드의 매력적이고 탄탄한 이야기 구조를 스스로 만들어내는 경험을 여러분들께 선물하고자 합니다.

이야기는
건축을 닮았다

1980년대 삿포로 시내에서 차로 40분 정도 떨어진 곳에 만들어진 납골 예배당과 거대한 불상. 스님들의 기대와 달리 방문객들의 발걸음은 뜸했습니다. 스톤헨지, 모아이상 등 이목을 끌 수 있는 각종 요소들을 도입해보았지만 헛수고였죠. 설립 30주년을 맞이한 2012년 어느 날, 스님들은 세계적인 건축가로 발돋움한 안도 타다오(Ando Tadao)에게 의뢰하기로 합니다.

고객의 요구 :
"방치되다시피 한 이 불상을 보러 많은 사람들이 오게 만들어주십시오."

쉽지 않아 보이는 과제를 마주한 안도는 깊은 고민의 시간을 가진 뒤 이내 자신만의 방식으로 아이디어들을 끄적여 나갑니다.

▪ 이미 있는 불상을 언덕으로 덮자.
▪ 이 언덕은 내가 20대 중반 유럽의 노트르담 드 세낭크 수도원에서 보았던 라벤더밭으로 뒤덮어버리자.
▪ 거대한 머리가 빼꼼히 드러나게 하자.
▪ 나의 시그니처라 할 수 있는 진입 시퀀스를 이번에

는 너무 복잡하게 만들지는 말자.

- 물이 있는 공간을 우회해서 걷게 하되, 걷는 동안 마음을 정화하게 하자.
- 동굴 같은 진입로 앞에 서서 경건하게 향을 피워 저 멀리 보이는 불상에게로 향하게 하자.
- 2000년 오산바시 항구에서 시도된 FOA사의 주름 공법을 응용해 기둥 없이 동굴을 만들자.
- 어쩌면 동굴을 지나며 어머니의 자궁으로 회귀하는 느낌을 받게 만들 수도 있겠지.
- 아래에서 불상을 쳐다보면 동그란 하늘이 아우라로 보이게 만들자.

이런 생각의 흐름을 따라, 안도 타다오는 '부처의 언덕'을 설계하게 됩니다. 다음 사진을 함께 볼까요?

몇 컷의 전경 사진만으로도 전 세계 사람들이 삿포로로 달려가고 싶은 마음이 들게 만들었으니, 스님들이 안도 타다오에게 요청했던 사항은 부처의 언덕 속에 정확히 달성되었다고 할 수 있을 것입니다.

이런 설계 과정을 전혀 모르는 사람이 처음으로 부처의 언덕을 접하게 되었다고 가정해보겠습니다.

그는 핵심 전경들을 눈에 담으며 머릿속에는 오른쪽 표와 같은 구조에 따라 '자신이 부처의 언덕을 보며 경험한 이야기'를 차곡차곡 쌓아갈 것입니다. 그리고 부처의 언덕을 모르는 누군가에게 이 이야기를 자신만의 방식으로 전달하며 입소문을 내겠죠.

이름 (Name)	'부처의 언덕'이라는 이름
콘셉트 (Concept)	'광활한 라벤더 언덕 정상에 빼꼼히 머리를 내비친 40미터 거대 불상'이라는 한 줄의 문장
파사드 (Façade)	이 건축물을 흥미롭게 설명하는 데 도움을 주는 두세 문장의 이야기
미장센 (Mise en scene)	각 공간 구획별(Zone)로 심어져 있는 세세한 이야기
바이브 (Vibe)	전체적인 분위기 형성에 기여하는 무형의 환경적인 요소들

이야기는 건축을 닮아 있습니다.

건축이 단순히 벽돌과 철근의 집합이 아니라 방문자의 머릿속을 채울 서사적 공간 경험을 설계하는 작업이듯, 브랜드 이야기를 만드는 것도 단순 정보의 나열이 아니라 듣는 사람이 몰입할 수 있는 이야기 구조를 설계하는 작업입니다.

좋은 이야기일수록 하나의 단어, 한 줄의 문장으로도 호기심을 자아내고, 세부적인 이야기들이 치밀하고 탄탄하게 하위 구조를 지탱하고 있습니다. 피라미드 구조를 닮아 있죠.

개인적으로 안도 타다오의 건축물을 관람하다 보면 그가 다음과 같은 질문들을 스스로에게 치열하게 던진 것 같다는 인상을 받을 때가 많습니다.

- 나의 '작품(→브랜드)'이 어떤 단어, 혹은 어떤 문장들로 회자되게 할 것인가?
- 세세하게 각 공간별로(→브랜드 세부 구성 요소별로) 어떤 이야기를 심어둘 것인가?
- 그 이야기를 발견하는 재미를 어떤 방법으로 '보는 이(→고객)'들에게 선물할 것인가?

이런 관점에서 보면, 안도 타다오는 세계적인 건축가이

면서 동시에 탁월한 '이야기 설계자'이기도 합니다. 그가 빚어내는 것은 유형의 건축물임과 동시에 무형의 이야기 구조이기도 하기 때문입니다.

내가 만들고 있는 브랜드를 하나의 건축물로 바라보고 29쪽처럼 구조를 해체해보는 순간, '이야기가 텅 비어 있는 곳'들이 보일 것입니다.

바꿔 말하면, 그동안 내가 브랜드를 만들어가는 과정에 있어서 '이야기를 채울 생각을 미처 하지 못했던 부분'들을 제대로 발견할 수 있는 기회이기도 하지요. 이러한 발견을 통해 결국, 우리 브랜드만의 이야기를 견고하게 쌓아갈 수 있게 됩니다.

이야기 설계의
중요성

콘셉트, 한 줄의 힘

디저트 카페를 오픈한다고 상상해보겠습니다. 여러분이 미슐랭 1스타 이상에서 근무한 파티셰라서, 혹은 유명한 셀러브리티라서 가게 오픈 사실을 알리는 것만으로도 초기에 팬들을 불러 모을 수 있는 상황이라면? 여러분이 굳이 '브랜드 이야기'에 기댈 필요성은 적어지겠죠.

하지만 우리 대부분은 보통의 존재이기에 남들과 구분되는 '나만의 이야기'에 대한 갈증이 큽니다.

평범한 창업자라면 먼저 당시에 유행하는 디저트 경향성을 파악해보겠죠?

'요즘은 베이글이 뜨는군. 지금 베이글에 뛰어드는 건 좀 늦은 감이 있는 걸…. 그렇다고 마카롱은 철 지난 거 같고…. 다음은 뭐가 될까?'

하지만 이런 고민만 하기에는, 장고 끝에 내 직감만 믿고 아이템을 결정하기에는, 우리에게 요구되는 유무형적 비용이 너무나도 큽니다. 두려운 게 사실이죠. 그것도 아주 많이.

이제, 이것을 '브랜드 이야기' 관점에서 접근해보겠습니다. '18세기 마리 앙투아네트가 즐겼던 디저트를 현대적으로 재해석한 브랜드'라는 한 줄 콘셉트(Concept)로 시작해본다면 어떨까요?

2014년 도서 《The Marie Antoinette Diet : Eat Cake and Still Lose Weight(마리 앙투아네트 다이어트 : 케이크

를 먹으면서 체중을 줄이는 법》의 저자 카렌 휠러(Karen Wheeler)에 따르면 앙투아네트는 아침 식사로 커피나 핫초콜릿과 함께 페이스트리를 즐겼다고 합니다.

고향 비엔나에서 자랄 때 먹었던 크루아상도 즐겼다고 하죠. 실제로 크루아상은 13세기경 앙투아네트의 고향인 오스트리아에서 처음으로 만들어져, 앙투아네트에 의해 프랑스에 전파된 것으로 알려져 있습니다.

앙투아네트는 또한 초콜릿광이었다고 합니다. 자신이 원하는 맛을 찾기 위해 베르사유 궁전 내에 초콜라티에 공방을 운영했을 정도죠. 특히 휘핑크림과 오렌지 꽃 향미가 담긴 액체 초콜릿을 좋아했다고 해요. 베르사유 궁전 안에 오렌지 나무 온실도 마련하여 오렌지를 주스로도 마시고 화장품으로도 사용했다고 합니다.

그녀가 식사가 끝난 후에 즐기는 디저트도 따로 있었다고 하죠. 쁘티 프루(Petits Fours)라고 하는 한입 크기의 과자나 케이크 종류가 즐비했고, 웨하스(Wafers)를 특히 즐겼다고 합니다. 술은 거의 마시지 않았다고 하는데요. 느낌만 내기 위해 가끔 레모네이드에 비스킷을 담가 먹곤 했다고 합니다.

이렇게 앙투아네트라는 역사적 인물이 실제로 즐겼던 다양한 디저트에서 이야기를 발췌하고 나만의 메뉴로 재해석해 풀어 나가는 방식. 이야기 자체의 성공 가능성과 별개로 분명 '당신의 디저트 브랜드를 다른 브랜드와 명확히 차별화하는 접근 방식'이 될 것입니다.

브랜드에 새로움을 더해주기 위해 새로운 메뉴를 개발할 때에도 이야기의 관점에서 접근이 가능합니다. 이미 '하나의 세계관'이 형성되어 있기에 그 세계관 아래 이야기를 수집하는 것도, 만들어보는 것도 얼마든지 가능한 것이죠.

"빵이 없으면 케이크를 먹게 하라!"

실제로 이 말을 마리 앙투아네트가 했는지에 대한 진위 여부는 차치하고, 프랑스 원문은 "Qu'ils mangent de la brioche!(브리오슈를 먹게 하라!)"였습니다. 밀가루가 적게 들어간 부드러운 빵, 브리오슈(Brioche)를 영어로 번역하는 과정에서 케이크로 오역되며, 마리 앙투아네트의 '악녀' 이미지가 배가 된 것이죠.

이런 추가적인 이야기를 수집한 후, 여러분의 디저트 카페에서는 시즌 한정 메뉴로 브리오슈를 출시하며, 로베스피에르(Robespierre) 프랑스 혁명군의 필요에 의해 망국의 원흉이 되어버린 앙투아네트의 이야기를 곁들일 수도 있을 것입니다. 포스터에 "빵이 없으면, 브리오슈를 먹게 하라!"라는 캠페인 메시지도 추가할 수 있겠죠.

한 줄 콘셉트가 디테일한 이야기로 확산되는 과정

콘셉트

18세기 마리 앙투아네트가 즐겼던 디저트를
현대적으로 재해석한 브랜드

디테일한 이야기 수집 및 확산

- 마리 앙투아네트는 아침 식사로 커피나 핫초콜릿과 함께 페이스트리를 즐겼다.
- 크루아상은 앙투아네트에 의해 오스트리아에서 프랑스에 전파되었다.
- 앙투아네트는 초콜릿광이었다. 특히 휘핑크림과 오렌지 꽃 향미가 담긴 액체 초콜릿을 좋아했다
- "빵이 없으면 브리오슈를 먹게 하라!"로 악녀 이미지가 된 마리 앙투아네트

세계관의 확장

브랜드를 운영하다 보면, 마리 앙투아네트 한 인물에만 의존하는 것이 좁게 느껴지는 시기가 올 수 있습니다. 그럼 주변 인물로도 확장해볼 수 있습니다.

예를 들어, 1762년 당시 여섯 살이었던 모차르트는 오스트리아 궁궐에 공연을 하러 옵니다. 잠시 공연장을 나와 복도를 서성이다가 실수로 넘어지게 되는데요. 이를 발견한 동갑내기 공주가 다가와 손을 잡고 일으켜주었고, 모차르트는 그 순간 공주에게 한눈에 반하게 됩니다.

공연이 끝난 후, 유럽을 호령하던 오스트리아 여제 마리아 테레지아는 모차르트에게 무엇을 상으로 받고 싶은지 물었습니다. 모차르트는 당돌하게 따님인 공주를 원한다고 답합니다. 그 공주는 바로 마리 앙투아네트였습니다.

이 유명한 이야기에 등장하는 앙투아네트의 주변 인물들, 즉 모차르트와 마리아 테레지아가 즐겼던 디저트와 음료를 현대적으로 재해석해서 출시하는 것도 가능하겠죠? 하나의 세계관에서 비롯된 이야기를 가게의 인테리어, 패키지, 직원의 유니폼 등 모든 브랜드 경험 요소 안에 심는 것도 가능합니다. 18세기 후반 유럽을 풍미했던 로코코 스타일의 패션과 인테리어는 마리 앙투아네트가 선도했다고 해도 과언이 아닙니다. 그녀가 즐겨 사용했던 파스텔 색조와 화려한 문양을 역시 재해석의 출발점으로 삼고, 이를 고객들에게 이야기로 전달할 수 있을 것입니다.

콘셉트

18세기 마리 앙투아네트가 즐겼던 디저트를
현대적으로 재해석한 브랜드

디테일한 이야기 수집 및 확산

- 마리 앙투아네트는 아침 식사로 커피나 핫초콜릿과 함께 페이스트리를 즐겼다.
- 크루아상은 앙투아네트에 의해 오스트리아에서 프랑스에 전파되었다.
- 앙투아네트는 초콜릿광이었다. 특히 휘핑크림과 오렌지 꽃 향미가 담긴 액체 초콜릿을 좋아했다.
- "빵이 없으면 브리오슈를 먹게 하라!"로 악녀 이미지가 된 마리 앙투아네트

주변 이야기로 확장
• 여섯 살 모차르트는 오스트리아에 공연을 하러 왔다가 마리 앙투아네트 공주를 보고 첫눈에 반한다. • 어린 모차르트는 마리아 테레지아에게 마리 앙투아네트를 원한다고 말한 적이 있다. • 18세기 후반 유럽에서 유행한 로코코 스타일의 패션과 인테리어는 마리 앙투아네트의 영향을 받은 것이다. • 모차르트와 마리아 테레지아가 즐겼던 디저트와 음료, 마리 앙투아네트가 좋아한 로코코 스타일을 가게에 적용할 수도 있겠다.

명확한 기준점이 가져다주는 변화

조금 더 나아간 이야기이긴 한데, 사실 이와 같은 하나의 세계관과 그 세계를 구성하는 이야기들, 그리고 이에 부합하는 참고 이미지 모음이 갖춰지면, 나의 생각을 실체로 구현해주는 전문가들과 일하기 훨씬 수월해집니다. 브랜드의 방향성이 확실할수록, 각 분야의 전문가들은 더 구체적인 해석과 실행에 시간을 쏟는 것이 가능해지기 때문입니다.

불필요한 시행착오를 줄임으로써, 보다 정교한 결과물을 만들어낼 가능성이 높아지게 되는 것이죠. 협업 주체의 수가 늘어나더라도 명확한 기준은 구심점 역할을 합니다. 여러 결과물들이 '하나의' 목소리를 내게 만들어줍니다.

예를 들어 우리만의 이야기 구조를 갖출 경우 메뉴 개발, 인테리어, 패키지 전문가들에게 보내는 발주서, 주문서의 내용이 확연히 달라질 수 있습니다.

예시 1) 메뉴 개발 전문가

이야기 구조 X
"요즘 어떤 아이템이 유행하나요? 저는 페이스트리 종류를 생각하고 있는데 타 브랜드에서 인기 많은 메뉴인 A, B를 좀 변형해서 만들어보면 좋을 거라고 생각했습니다."
이야기 구조 O
(브랜드 세계관을 충분히 설명한 후) "앙투아네트가 즐겼던 페이스트리에는 마카롱과 퐁당을 넣었다고 하는데 마카롱을 좀 빼고 그녀가 즐겼던 샴페인 향이 가미된 무언가를 넣으면 어떨까 하고 생각하고 있습니다. 요즘 트렌드를 감안했을 때 적절한 재료나 디자인 추천을 받고 싶습니다."

예시 2) 인테리어 전문가

이야기 구조 X
"심플한 도산공원 OO 브랜드 매장과 압구정 OO 매장의 요소들을 차용하고 싶습니다. 우리만의 포인트 컬러도 좀 있으면 좋겠고요. 나무 소재를 바닥과 천장에 쓰면 좋겠습니다."

이야기 구조 O
(브랜드 세계관을 충분히 설명한 뒤) "앙투아네트가 즐겨 사용했던 파스텔 색조 컬러 중에 저는 A, B, C가 좋아서 좀 뽑아봤습니다. 로코코가 지나치게 화려한 면이 있어서 톤 다운이 필요하다고 생각하는데, 그녀가 좋아했던 이 문양들은 살리고 싶습니다."

예시 3) 패키지 전문가

이야기 구조 X
"고객이 선물로 받았을 때 '우와!' 하는 패키지 디자인이면 좋겠어요. 형태가 화려하게 변해도 좋을 거 같고요. 금박을 사용하면 좀 더 고급져 보일까 싶기도 합니다."
이야기 구조 O
(브랜드 세계관을 충분히 설명한 뒤) "18세기 오스트리아 왕가나 귀족 사회에서 유행하던 보석함 중에 제 마음에 드는 사진들을 좀 정리해봤어요. 이런 디테일들을 살려서 패키지에 녹여보면 좋겠다는 생각을 했어요."

이야기 구조의
여섯 가지 핵심 단계

앞서 소개한 디저트 카페 사례는 성공을 보장하는 결과물이 아닙니다. 이야기 구조를 어떤 식으로 만들어갈 수 있는지, '사고의 전개 방식'을 보여주기 위한 예시입니다. 어느 정도 이야기 구조를 설계하는 과정에 익숙해지면, 특별한 '틀' 없이도 앞선 사례처럼 자연스럽게 이야기를 발산하듯 써내려갈 수 있습니다.

하지만 입문자분들에게는 조밀하고 탄탄한 이야기 구조를 설계하는 데 도움이 될 일종의 탬플릿 형태의 '도구'가 필요하다고 생각했습니다. 틀 안의 빈칸을 어떤 이야기로 채울지 고민하고, 하나씩 채워가는 과정만으로도 탄탄한 구조를 만들 수 있도록 돕고 싶었습니다.

이야기가 건축을 닮아 있다고 말씀드린 것과 같은 맥락에서, 저는 소비자들이 브랜드를 경험하는 과정이 건축물을 감상하는 과정과 유사하다고 생각합니다.

여러분의 이해를 돕기 위해 다음 페이지에 건축물을 감상하는 과정과 소비자들이 브랜드를 경험하는 과정을 비교 정리해보았습니다.

그리고 이 과정에 속한 각 단계들은 뒤이어 소개할 'BSA(Brand Story Architecture)'라는 '브랜드 이야기 설계 도구'를 구성하는 핵심 요소이기도 합니다.

건축물을 감상할 때

1단계 이름	건축물의 이름을 접한다.
2단계 콘셉트	한 문장 정도로 핵심 특징을 인지한다.
3단계 파사드	건축물 앞에 서서, 외관에서 느껴지는 점들을 두세 문장 곱씹는다.
4단계 존	입구를 들어서서 공간 구석구석 구획별로 거닐며
5단계 미장센	설계자의 의도가 담긴 유형의 요소들을 느낀다.
6단계 바이브	무형의 요소들도 느낀다.

브랜드를 경험할 때

1단계 이름	브랜드의 이름을 접한다.
2단계 콘셉트	한 문장 정도로 핵심 특징을 인지한다.
3단계 파사드	처음 제품, 서비스를 마주했을 때 느껴지는 점들을 두세 문장 곱씹는다.
4단계 존	경험 가능한 모든 요소들을 구석구석 살펴보며
5단계 미장센	설계자의 의도가 담긴 유형의 요소들을 느낀다.
6단계 바이브	무형의 요소들도 느낀다.

브랜드 이야기 설계 도구, BSA의 관점에서 각 단계별 특징을 정리하면 다음과 같습니다.

브랜드명(Name)

브랜드명은 브랜드가 지향하는 모든 심상과 가치들을 포괄하는 단어입니다. 누군가에게 브랜드를 소개할 때 처음으로 발설하는 응축된 언어죠.

역할과 중요성이 워낙 크다 보니 많은 분들이 좋은 브랜드명은 무엇인지, 그리고 어떻게 네이밍(Naming)을 잘할 수 있는지 궁금해하십니다. 제가 브랜드를 개발할 때, 즐겨 사용했던 방법들은 별도 챕터(STEP 3, 222p)에서 자세히 소개해드리도록 하겠습니다.

콘셉트(Concept)

라틴어 'Conceptus'에서 나온 말로, 'con(여럿을 함께)'과 'cept(잡다, 취하다)'가 합쳐진 단어입니다. 나의 브랜드가 고객들에게 던지고 싶은 수많은 심상과 가치의 다발들을 하나로 묶어주는 한 줄의 문장입니다.

콘셉트의 경우 세계관의 출발점이자 구심점이라는 측면에서 가장 중추적인 역할을 담당합니다. 내가 좋다고 느낀 어떤 브랜드를 주변 지인들에게 소개할 때, 브랜드명 다음으로 던지는 '한 문장'에 해당하죠. 바로 이렇게요.

"너 OOO라는 브랜드 알아?
_____한 특징을 가진 브랜드야!"

콘셉트를 뽑을 때는 '어떤 의도와 특징이 담긴 한 문장을 설계할 것인가'가 핵심입니다. 문장의 무게 중심을 어디에 둘 것인지에 따라 여섯 가지 유형으로 구분됩니다. 각 유형에 대해서는 STEP 2(70p)에서 설명드리겠습니다.

파사드(Façade)

파사드는 건축물의 '얼굴'이라고 할 수 있는 정면 외벽을 뜻하는 건축 용어입니다. 건축물의 한 단면에 불과하지만 보는 이들은 건축물의 전면부를 구석구석 살펴보며 조금 더 상세한 인상값을 얻게 됩니다.

특정 브랜드의 콘셉트에 대해 주변 지인들에게 이야기했을 때, 반응이 호의적일 경우 신이 나서 두세 문장 더 말할 '기회'를 얻게 되죠? 이 기회에 매력적인 이야기들을 추가로 던질 수 있다면 호감도는 물론이고 구매로까지 이어질 가능성 역시 높아지게 될 것입니다.

브랜드의 콘셉트를 자세히 보충해주고, 앞으로 경험할 요소들에 대한 기대감을 높여주는 두세 문장의 이야기를 이 책에서는 '파사드'라고 정의하겠습니다.

본격적으로 브랜드의 디테일한 요소들을 체험해보기 전에 중간 단계로서의 이야깃거리인 파사드를 미리 준비해두는 것은 생각보다 중요합니다. 파사드를 채울 이야기를 어떻게 설계하면 좋은지 별도 챕터(STEP 3, 170p)에서 상세히 설명 드리겠습니다.

존(Zone)

이제 건축물의 전면부인 파사드를 감상한 뒤 입구에 들어섰으니 내부를 설계할 차례입니다. 파사드를 접한 뒤 기대감이 높아진 고객에게 어떤 공간을 보여줄지 구획할(Zoning) 때입니다.

구획을 제대로 하기 위해서는 브랜드를 이루는 다양한 요소들을 쪼개볼 필요가 있습니다. 고객과 닿는 수많은 접점 가운데 어느 곳에 매력적인 이야기를 심을 수 있을지 기회를 포착하기 위함입니다.

'나는 브랜드를 통해 어떤 이야기를 할 수 있을까?'라고 단순히 공허한 질문을 던지며 답을 찾으려고 하면 굉장히 막막할 수 있습니다.

앞서 설명한 디저트 카페처럼 매장 외관, 간판, 출입문, 동선, 진열장, POP, 메뉴판, 패키지, 유니폼 등등 고객이 경험하는 순간들을 최대한 정교하게 쪼개어 이야기를 채워야 합니다.

여기에서 하위 단계로 더 세세하게 쪼개어보는 것도 도움이 됩니다. 모든 부분에 이야기를 심는 것은 불가능하지만, 잘게 쪼개다 보면 '여기에는 이런 이야기를 심을 수 있겠다!' 발견하기 쉬워지거든요.

앞서 소개한 마리 앙투아네트 디저트 카페에 대입해서 이야기해볼게요. 카페에서 '선물용 패키지 상품'을 만들기로 했다고 칩시다. 그럼 '누가' 먹는지에 따라 '귀빈 선물용'이 하위 항목의 하나로 쪼개질 수 있을 것이고, 선물을 받아 든 귀빈이 포장을 푸는 단계 중 '상자를 연 직후'의 순간을 주목할 수 있을 것입니다.

이때 18세기 국가 간 외교 때 쓰이던 왕립 서신의 디자인을 모티브로 하여 레이아웃, 오스트리아 문장, 지류를 선택해 제작하고 관련 이야기를 받는 사람이 음미할 수 있게끔 뒷면 어딘가에 메세지를 남기는 것이죠. '당신이 나에게는 그만큼 소중한 사람입니다.'를 느낄 수 있게.

이처럼 브랜드를 구성하는 수많은 요소들을 쪼개어보고, 이야기를 심을 공간을 구획해보는 일, 즉 '조닝(Zoning)'이 조밀할수록 풍부하고 탄탄한 이야기 구조를 가진 브랜드가 될 확률이 높아집니다.

"내가 좋아하는 브랜드 ○○○에 대해서 이야기하자면 하루 종일 떠들어도 모자라!"

지금 여러분의 브랜드로 고객이 대화를 한다고 가정해 보면, 얼마 동안 이야기가 가능할까요? 몇 시간? 몇 분? 몇 초?

조닝에 대한 이야기는 별도 챕터(STEP 3, 180p)에서 더 구체적으로 설명해드리겠습니다.

미장센(Mise en scene)

공간을 구획했다면, 이제는 그곳에 상세한 이야기들을 심어나가야 합니다(Seeding). 무대 위 등장인물의 배치, 역할, 무대 장치, 미술, 조명 등에 관한 총체적인 계획을 뜻하는 용어, '미장센'이 필요한 순간입니다.

다음 사진은 1923년 바우하우스 바이마르 시기 '교장실'의 모습입니다. '고작' 방 하나에 불과할 수 있지만 이야기가 심어져 있죠(53쪽 하단 설명 참조).

단순히 책상과 의자, 각종 가구를 배치했다는데서 끝나버리는 것이 아니라, 누가(WHO) 왜(WHY) 이런 형태로 만들었는지 '섬세하고 성실하게' 서술되어 있습니다. 이러한 차이는 이 공간을 방문한 사람들이 자신의 감상을 주변에 공유하는 방식에도 큰 영향을 미칠 것입니다.

📌

이 방은 바우하우스 건축 교육의 지향점을 보여줍니다(출처: www.flickr.com). 소우주로서의 공간, 체계화된 세계에서의 기하학적 구조의 엄격함, 게리트 토마스 리트벨트(Gerrit Thomas Rietveld)가 디자인한 정육면체의 조명 기구, 수공업과 산업기술의 촉각적 품질, 수학적 선명함이 잘 드러나는 공간이죠.

1대 교장이었던 발터 그로피우스(Walter Adolph Georg Gropius)가 설계한 이 공간은 정육면체가 반복됩니다. 가구의 서로 다른 높이가 기하학적인 정사각형 리듬을 무너트리지 않도록 모든 책상과 사물의 높이까지도 동일하게 조정됩니다. 시그니처인 소파를 포함해 대부분의 가구를 그로피우스가 설계했죠.

대중적인 브랜드 사례로는 크리스피 도넛을 들 수 있습니다.

'갓 튀긴 도넛이 나올 때면(WHEN), 빨간 네온사인의 불이 켜진다! 때론 공짜로 맛볼 수도 있다!'

브랜드의 요소들을 잘게 쪼갠 뒤 아주 지엽적일 수 있는 하위 요소인 '간판'에 그들 나름의 시그니처 이야기를 심는 데 성공합니다. 특정 시간(WHEN)이라는 요소에 무게 중심을 두고 설계한 그들의 미장센은 여러분이 아시는 것처럼 오랜 시간 동안 꽤 잘 동작했습니다.

미장센에 대한 추가적인 이야기는 별도 챕터(STEP 3, 188p)에서 더 자세히 소개하겠습니다.

바이브(Vibe)

어떤 공간이나 건물에 들어서면 느껴지는 '분위기'를 뜻하는 바이브. 미장센과 구분해서 굳이 별도의 요소로 나눈 이유는, 눈으로 보고 손으로 만지는 요소들 외에 '무형'의 요소에 대한 설계도 중요하다는 사실을 강조하기 위함입니다(STEP 3, 218p 참고).

예를 들어 일하기 좋은 업무 공간 브랜드 '집무실'을 만들 당시 바이브 관점에서 저희가 특별히 신경 썼던 부분은 '배경음(BGM)'이었습니다. 업무 공간에 있어서 '소리'는 사람에 따라 수용도의 편차가 매우 큰 민감한 영역이죠.

'업무 몰입도에 긍정적인 영향을 주는 보편적인 소리의 종류와 데시벨의 크기가 있지 않을까?'

전문가는 아니지만 여러 차례 연구를 거듭하며 특정 시간대에 CS 건수를 최소화할 수 있는 음악과 비트 성격을 분류해 나갔습니다. 또한, 해당 음악과 섞었을 때 가장 반응이 좋은 화이트 노이즈를 찾았습니다. 음악과 배경 노이즈를 섞어 상황에 적합한 소리를 찾아가는 이 같은 과정을 '사운드 스케이핑(Sound Scaping)'이라고 부른다는 사실을 나중에서야 알게 되죠.

'기상 후 몇 시간 동안은 코르티솔, 도파민, 아드레날린 등의 각성 관련 호르몬이 활발히 분비되어 두뇌가 상대적으로 또렷한 상태가 되므로, 집중력과 분석력이 요구되는 업무에 적합한 시간대. 이때는 가사가 없는 로파이(Lofi) 비트 계열의 음악처럼 활력은 주되 방해가 되지 않는 음악으로 선곡하자.'

'오후에는 식사 후 일시적인 에너지 저하가 올 수 있기 때문에, 환기나 가벼운 미팅, 네트워킹 등 비교적 편안한 활동이 어울리는 시간대다. 이때는 가사가 있지만 부드럽게 들리는 우디하고 멜로우한 카페 음악으로 선곡하자.'

'늦은 오후는 하루의 리듬이 완화되며 비교적 심리적으로 여유가 생기는 시간대다. 이때는 도전적이거나 창의적인 아이디어를 떠올리기에 좋은 시간일 수 있으니, 다시 로파이 비트 계열의 음악을 통해 몰입감을 유지할 수 있게 하자.'

시간대별로 데시벨(dB)을 자동으로 조절해주는 기술도 자체적으로 개발해서 각 지점에 적용했습니다. 재미있는 건 지점의 위치에 따라 고객군이 조금씩 다르고, 이분들이 데시벨에 반응하는 경향도 다르다는 점이었습니다. 이런 점에 착안하여 '지점별 최적화'를 실행했습니다. 보편적인 기준을 잘 통과하고 있는지 매일 축적되는 CS 건수와 문의 내용을 지표로 설정해서 각 지점별로 관리해 나갔죠.

'전문가가 아닌' 사람들이 좋은 업무 공간 브랜드를 만들기 위해 행한 이 모든 과정은 '이야기'로 만들어져 각종 채널에 배포되었고, 결국 입소문이 나기 시작했습니다.

"집무실이라는 브랜드 알아? 걔네들 진짜 집요하더라…. '소리' 하나 잡으려고 이런 것들까지 하더라고!"

가장 강력한
이야기 설계 도구,
BSA

브랜드를 경험하는 것은 하나의 건축물을 경험하는 것과 유사하다는 비유를 앞서 여러 번 사용했습니다.

큰 틀에서 이야기 구조를 설계하고 이를 탄탄하게 채워나간다는 차원에서 '도구'를 만들어보았습니다. 이 도구의 이름은 BSA, 'Brand Story Architecture'라는 의미입니다.

브랜드명(NAME)

콘셉트(CONCEPT)

파사드(FAÇADE)

존(ZONE)   미장센(MISE EN SCENE)

바이브(VIBE)

앞서 소개한 마리 앙투아네트 디저트 브랜드의 이야기를 BSA로 정리해볼까요? 다음 페이지를 함께 봐주세요.

브랜드명 (NAME)

Antoi

콘셉트 (CONCEPT)

18세기 마리 앙투아네트가 즐겼던 디저트를
현대적으로 재해석한 브랜드

파사드 (FAÇADE)

18세기 오스트리아 왕가의 전통과 문화를 대변하는 요소들을
현대적 감각에 맞게 재해석한 브랜드.
앙투아네트와 그녀의 주변 인물들이 실제로 즐겼던
디저트의 레시피를 기반으로 새로운 시각을 선보이다.

존 (ZONE)　　　　　미장센 (MISE EN SCENE)

메뉴	기본	18세기 오스트리아에서 실제로 즐겼던 크로와상을 재해석
		앙투아네트가 가장 좋아했던 쿠글로프를 재해석
		식사가 끝난 후 즐겼던 쁘티 프루 중 즐겨 먹은 웨하스를 재해석
		쇼콜라티에 공방을 운영하며 즐겨 먹었던 휘핑크림, 오렌지 향미 담긴 초콜렛
	신규	마리아 테레지아가 즐겨 먹었다고 알려진 A
		마리아 테레지아가 즐겨 먹었다고 알려진 B
		모차르트가 즐겨 먹었다고 알려진 C
	이벤트	로베스피에르 혁명 군에 의해 와전된 이야기를 품은 브리오슈
패키지	특별	오스트리아 왕가의 문장, 지류, 색감을 모티브로 제작
	일반	앙투아네트가 친한 지인들에게 선물할 때

⋮

바이브 (VIBE)

BGM	홀	모차르트의 곡에서 영감을 받은 20세기 이후 음악가들의 작품들
향	패키지	앙투아네트가 특히 좋아했던 제비꽃 향에 A, B를 가미한 시그니처 향

⋮

지금까지 브랜드 이야기의 기본 구조에 대해 설명드렸습니다. 여기까지 따라오는 동안 만약 다음과 같은 생각이 드셨다면, 제 기획 의도가 어느 정도 성공했다고 볼 수 있을 것 같습니다.

'아! 우리가 구매하고 손에 쥐는 것은 '물건' 혹은 '서비스'이지만, 소비하는 것은 정작 '이야기'일 수 있겠다…'

'내가 만들고 있는 브랜드가 잠재 고객에게 던질 수 있는 강력한 한 문장은 무엇인가? 준비는 되어 있나? 뒤이어 시간이 허락되었을 때 곧바로 던져질 두세 문장은 준비되었나?'

'나의 브랜드에 대해 누군가 호감을 느껴 그들의 지인들과 대화를 한다고 쳤을 때, 그 대화는 얼마나 지속될까? 오랜 대화 시간을 점유할 만큼 우리는 충분한 이야기를 제공하고 있나?'

이어지는 내용에서는 '이야기'의 관점에서 훌륭한 구조를 가진 현실 속 브랜드를 BSA를 활용해 분석해보겠습니다. 이를 통해 BSA에 대한 이해도가 한층 깊어질 것이라 생각합니다. 그다음으로는 BSA를 채우는 과정, 즉 본격적으로 '이야기를 만들어내는 방법'에 대해 설명드릴 예정입니다.

콘셉트 만들기 예시

인류 역사상 최초로 달에 발자국을 남겼던 아폴로 11호 프로젝트. 그 프로젝트에 참여했던 세 명의 영웅의 이름을 '모두' 열거해볼 수 있으신가요?

많은 분들이 닐 암스트롱(Neil Armstrong)이라는 이름은 주저 없이 언급하실 겁니다. 닐 암스트롱만큼의 비중은 아닐지라도 두 번째로 달에 발을 디뎠던 버즈 올드린(Buzz Aldrin)을 떠올리시는 분들도 꽤 있을 것으로 보입니다. 영화 〈토이스토리〉에 등장했던 버즈라는 인물의 이름이 버즈 올드린에서 비롯되었다는 흥미로운 사실도 이 같은 인지도에 한몫했을 것입니다. 하지만 세 번째 인물을 떠올리는 것은 저처럼 우주 역사에 큰 관심이 없는 분들이라면 쉽지 않은 일일 텐데요. 바로 마이클 콜린스(Michael Collins)입니다. 그는 이 역사적인 프로젝트에 사령선(CSM; Command and Service Module) 조종을 담당했던 베테랑 군인이자 우주비행사였습니다.

관련 경험과 실력으로 따지자면 닐 암스트롱에 이어 서열 2위였던 그는 달에 착륙하여 탐사하는 권한을 가지고 있었습니다. 하지만 서열 3위였던 버즈 올드린이 사령선 단독 조종을 할 경력이 되지 않아 부득이하게 콜린스가 사령선에 남기로 한 것이죠. 온화한 인품의 소유자였던 콜린스는 묵묵히 그가 맡은 임무를 수행합니다.

　　달 탐사가 진행되는 동안 안전한 지구 귀환을 위해 홀로 사령선에 남아 관제 센터와 끊임없이 교신하고, 달 착륙선이 사령선으로 복귀할 때까지 달 주위 궤도를 돌게 되죠. 달의 코앞까지 가서 달 표면을 밟지 못한 그의 불운을 많은 이들이 안쓰러워했습니다.

　　그러나 정작 콜린스 본인은 지구와의 모든 통신이 단절되어 혼자 임무를 수행했던 시간을 회고하며 이렇게 말했다고 합니다.

　　"인생에서 가장 행복한 순간이었습니다. 전혀 외롭지 않았어요. 심지어 따뜻한 커피도 한잔 했어요. 작고 아름다운 저만의 공간을 소유한 멋진 순간이었습니다. 저는 그곳에서 황제이자 사령관이었어요. 우주선 창밖으로는 꽉 찬 지구가 한눈에 보였고, 그건 제 생애 최고의 광경이었습니다. 그걸로 충분했어요."

　　브랜드 '콜린스(Collins)'는 이런 순간을 '콜린스 모먼트(Collins Moment)'라 명명하고 '혼자만의 소중한 시간'을 특별하게 만들어주는 것을 본인들의 사명으로 규정합니다.

　　바로 이것이 자기 정체화의 결과, 그들만의 한 줄의 콘셉트가 탄생하는 순간입니다.

파사드 만들기 예시

콘셉트를 부연하고, 흥미로움을 배가하는 아폴로 11호 이야기는 BSA에 있어 파사드 역할을 합니다.

회자될 수 있는 몇 개의 파사드 문장을 통해, '왜 브랜드명이 콜린스인지, 이 브랜드가 퍼스널 라이프스타일 브랜드를 표방한 맥락이 무엇인지' 고객들은 더 잘 이해하게 됩니다. 이야기에 공감한 고객들에게는 몰입도가 확 커지는 순간이기도 합니다.

오른쪽 표처럼 정교하게 구성된 [브랜드명-콘셉트-파사드]는 브랜드에 있어 세계관의 역할을 합니다. 하나의 세계관 아래 제품들이 기획됩니다. 저의 상상이긴 하지만 콜린스 내부에서는 '어떤 제품이 잘 팔릴 것인가?'를 묻기 전에 다음과 같은 질문들을 구성원들끼리 던질 것입니다. 조금 단정적으로 말하면, 반드시 이 질문들을 서로에게 던져야 합니다.

- 우리가 지향하는 가치에 부합하는 제품에는 어떤 것들이 있을까?
- 유력하게 검토 중인 이 제품은 우리의 세계관 그리고 정체성에 부합하나?

콜린스의 대표 제품이라고 할 수 있는 인센스(Incense)는 발향 스틱입니다. '밝게 하다, 불태우다'를 의미하는 라틴어

브랜드명

콜린스

콘셉트

지극히 개인적인 순간을
만족감과 해방감 가득하게 만들어주는
제품 그리고 이야기

파사드

- 아폴로 11호의 마이클 콜린스는 달 탐사 중 홀로 사령선에 남아 지구와의 통신이 단절된 시간을 인생에서 가장 행복한 순간으로 회고했다.
- 브랜드 콜린스는 이를 '콜린스 모먼트'라 명명하며, '소중한 혼자만의 시간'을 특별하게 만드는 것을 사명으로 삼는다.

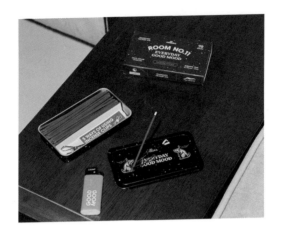

'Incendere'에서 유래됐습니다. 원래는 종교의식과 치료를 위해 인센스를 사용했고, 최근에는 마음을 편안하게 해주는 향 덕분에 요가나 명상할 때 외에도 일상 속에서 많은 사람들이 찾고 있죠.

이 인센스는 일상을 돌아보고 내면의 목소리에 귀 기울이는 일종의 의식(Ritual)과도 같은 '지극히 개인적인 순간(콜린스 모먼트)'을 더욱 근사하게 만들어줍니다. 브랜드 콜린스의 존재 이유에 매우 부합하는 제품 라인이죠.

세상에 인센스 제품은 차고 넘칠 정도로 많지만, [브랜드명-콘셉트-파사드]로 이어지는 강력한 세계관에서 비롯된 콜린스의 인센스는 남들과 구분되는 존재 당위성을 획득합니다. 누군가에게 전달하고 싶은, 매력적이면서 동시에 정합성이 매우 높은 이야기로 소비되는 것이죠.

한편, 조닝(Zoning) 관점에서 인센스의 하위 요소들을 쪼개어보겠습니다. 제품 종류별 네이밍, 핵심 컬러, 폰트 디자인, 제조 방식, 향의 특징, 대표 성분, 패키지, 설명서 등 이야기를 심을 수 있는(Seeding) 공간(Zone)은 매우 많지만 콜린스는 대표적으로 회자되는 이야기를 '패키지'에 심는 것에 성공합니다.

보통 인센스 제품을 제대로 즐기기 위해서는 인센스 스틱을 고정해주는 홀더와 타고 남은 재를 받아줄 트레이를 별도로 구매해야 하는데요. 콜린스는 이를 틴케이스 보관함 하나에서 해결 가능하도록 제품을 구성합니다. 틴케이스 뚜껑을 뒤집어 트레이로 사용하고, 작은 집게 형태의 홀더를 보관함 안에 넣고 다닐 수 있게 만든 것이죠. 이것이 미장센의 예시입니다.

휴대성을 높인 이 단단한 틴케이스 덕에 고객은 지극히 개인적인 순간을 '어디에서든' 가질 수 있게 됩니다. 아주 사소해 보이지만 '남들과는 다른, 누군가에게 이야기해주고 픈' 우리만의 이야기를 또 하나 가지게 되는 순간입니다. '나의 개인적 순간이 시간과 장소에 구애받지 않도록 콜린스는 이렇게 세심하구나'라는 감동과 함께.

지금까지 콜린스가 출시한 제품 라인들은 모두 사람들의 '콜린스 모먼트'를 위한 것들이었습니다. 인센스, 홈웨어, 청결용품까지…. 제품 라인들 중 아래 고객의 질문들에 흥미로운 이야기로 답할 수 있는 것들이 다음의 성공으로 이어질 것입니다.

> Q.1. "내가 공감할 수 있는 일상 속 지극히 개인적인 순간을 잘 포착했는가?"
>
> Q.2 "그 순간을 더욱 근사하게 만들어줄 남다른 세심함을 갖추고 있는가?"

두 질문은 브랜드 콜린스 내부적으로 조금 더 단단한 BSA를 만들기 위한 조닝(Zoning)에 사용할 질문이기도 합니다.

- 제품 라인을 기획할 때의 질문
  Q.1 "우리의 일상을 어떻게 쪼개어 바라볼 것인가? 어떤 순간을 포착할 수 있는가?"

- 해당 제품의 어떤 요소에 이야기를 심을 것인지 살펴볼 때의 질문
  Q.2 "제품 경험 과정을 어떻게 쪼개어 바라볼 것인가? 어디에 이야기를 심을 것인가?"

지금까지 개인적으로 '이야기 설계 구조(BSA)'의 측면에서 좋은 사례라고 생각하는 브랜드 콜린스를 들여다보았습니다.

지극히 개인적인 순간을 위한 제품을 먼저 만든 뒤, 끌어다 쓸 이야기를 찾은 것인지, 아니면 아폴로 11호 마이클 콜린스 이야기를 접하고 영감을 받아 제품을 만들어야겠다고 생각한 것인지 궁금하실 분도 있을 것 같습니다. 경험상 두 경우모두 가능하다고 봅니다. 중요한 것은 브랜드를 처음 접하는 고객들이 아래와 같은 이야기를 인지하고, 입소문을 낼 수 있게 이야기 구조를 만들었는지 점검해보는 일입니다.

"너 콜린스라는 브랜드 알아? 아폴로 11호에 탔던 세 명 중에 사람들이 잘 모르는 마이클 콜린스라는 사람이 있었는데 말이야. 그 사람이 이런저런 일들을 겪었대! 혼자만의 소중한 시간을 특별하게 만들어주는 브랜드인 거지. 이 콜린스에서 처음으로 출시한 제품 라인이 인센스인데 말이야…."

STEP 2.

BSA의 시작,
육하원칙 콘셉트
설계하기

구조를 이해했으니 이제 그것을 채울 이야기를 만들어
볼 때입니다. 단, 맨손으로 만들기보다는 역사적으로 검증된
유용한 도구를 활용하면 좋을 것입니다.

이번 장에서는 우리에게 너무나 익숙하지만, 브랜드
이야기를 설계할 때는 사용할 생각을 잘 해보지 못했던 도구,
'육하원칙'을 소개하고자 합니다. 더불어 BSA에서 가장 중요
한 역할을 하는 '콘셉트'를 육하원칙을 활용해 만들어보는 시
간을 가져보도록 하겠습니다.

육하원칙에서
모든 이야기가
시작된다

'육하원칙'의 오랜 역사는 고사하고, 그 '효용'에 대해서 조차 깊이 생각해보는 일은 드물죠.

육하원칙의 기원은 BC 4세기 아리스토텔레스(Aristo-teles)로 거슬러 올라갑니다. 그는 자신의 윤리학 저서에서 인간을 분석하는 '도구'로서 육하원칙을 개발하고 활용합니다. 단순히 인간의 단편적인 행동과 그 결과만 보는 것이 아니라 그러한 행동에 영향을 미친 환경적 요소들을 살펴보아야 한다는 것이죠.

어떠한 행동이 자발적인 의도에 의해서 발생한 것인지, 환경에 의한 것인지 엄밀히 '쪼개어' 살펴보는 것이 판단에 도움이 된다고 말합니다. 도덕적 행동의 습관화를 통해 도덕적 성품을 고양하는 것이 그의 목표였던 만큼, 이 '도구'는 도덕적 행동을 확률적으로 더 잘 유발하는 환경에 대한 '아이디어'도 제공합니다.

"어떤 사람일수록(누가), 어떤 사건을 겪게 될수록(무엇을), 어떤 전후 상황에 놓여 있을수록(언제), 어떤 조건이 갖추어진 장소일수록(어디서), 어떤 동기가 부여될수록(왜), 어떤 방법적 선택이 가능할수록(어떻게), 어떤 도구가 주어질수록(무엇을 가지고) 인간은 도덕적으로 행동하게 되는구나…. 그러면 그런 조건과 환경을 갖추어야겠다!"

'도구의 탄생'을 목도한 이들은 저마다의 시대와 상황에 맞게 이 도구를 응용해 나갑니다.

BC 1세기 그리스 수사학자 헤르마고라스(Hermagoras)는 설득력 있는 주장을 만들고 발전시키는 사고 과정에 육하원칙을 활용했습니다. 설득을 위해서는 기본적으로 내가 말하고자 하는 바가 선명하고, 논리적으로 어긋남이 없어야 합니다.

반대로 상대방 주장의 허점을 파고드는 집요함이 필요하죠. 이때, 육하원칙의 각 요소는 주어진 수사적 상황에 맞는 논증을 찾고 구성하는 데 있어 프레임워크(Framework) 역할을 합니다. 또한, 다양한 아이디어를 도출하는 데 도움을 주기도 합니다.

- 나의 주장을 관철시키기 위해 적절한 이유(왜)와 방법(어떻게)이 제시되었는가?
- 예시로 활용한 에피소드의 주체(누가) 선정은 적절했나?
- 더욱 설득력을 높이는 주체로는 누가 있을까?
- 상대가 자신의 주장을 뒷받침하기 위해 쟁점화하고 있는 사건 발생 장소(어디서)를 무력화할 수 있는 반박 논리는 무엇일까?

헤르마고라스를 비롯한 수사학자들에게 육하원칙은 정합성 높은 문장을 구성하기 위한 유용한 '도구'였을 것입니다.

학문 분야에서 명맥을 이어오던 육하원칙이 일반인

들에게 보편적으로 인지되기 시작한 건 20세기에 들어서면서부터입니다. 우리에게는 《정글북》으로 유명한 노벨문학상 수상 작가 러드야드 키플링의 1902년작 《The Elephant's Child》에 나오는 시 「I Keep Six honest serving men(여섯 명의 성실한 조력자)」 한 구절에서 육하원칙의 중요성이 재조명되었던 것이죠.

I keep six honest serving men
They taught me all I knew;
Their names are What and Why and When
And How and Where and Who.

나에게는 여섯 명의 성실한 조력자가 있다.
내가 아는 모든 것은 그들에게 배웠다.
그들의 이름은 무엇(What), 왜(Why), 언제(When),
어떻게(How), 어디서(Where), 그리고 누구(Who)이다.

어린 시절, 우리는 셀 수 없을 정도로 여섯 가지 질문들을 쉬지 않고 쏟아내었지만, 어느 순간 바쁘다는 핑계로 '여섯 명의 성실한 조력자들'을 쉬게 합니다. 우리가 삶을 살아감에 있어 그치지 않아야 할 근원적인 질문들의 중요성을 키플링은 다시금 상기시킵니다.

더 나아가 글로써 자신의 생각을 세상에 알리는 작가라면, 하고 싶은 말을 명확히 전달하기 위해 여섯 가지 질문을 끊임없이 생각해야 한다는 일종의 '태도'를 논하기도 합니다.

What is our Purpose?

Why are we here?

Where do I find meaning in life?

How can I become better?

When will I set my goals to build a legacy?

Who will I associate with to help me build the best career, the best family, the best health?

우리의 **목적**은 무엇인가?

우리는 **왜** 존재하나?

어디에서 삶의 의미를 찾아야 하는가?

어떻게 더 나아질 수 있을까?

나는 **언제쯤** 내 삶을 특별하게 만들기 위한 목표를 세울 것인가?

누구와 함께 최고의 커리어, 가정, 건강을 만들어갈 것인가?

키플링의 시에서 영감을 받은 많은 사람들이 그들 나름

의 관점으로 육하원칙을 바라보게 됩니다. 이 중 특히 저널리즘 교육의 아버지라 불리는 윌라드 블레이어(Willard Bleyer)는 1913년 저서 《Newspaper Writing and Editing》에서 뉴스는, '무슨 일이 벌어졌나, 언제 벌어졌나, 왜 그 일이 벌어졌나, 어떻게 벌어졌나, 어디서 벌어졌나, 누가 연루되어 있나' 같은 궁금증을 명쾌하게 풀어 주어야 한다고 강조했습니다. 뉴스의 첫 문단, 즉 리드(Lead)에 핵심 내용을 빠뜨리지 않고 정직하게 전달하기 위한 도구로서 육하원칙은 오늘날까지도 중요하게 활용되고 있습니다.

시대마다 활용 방식이 조금씩 달라지긴 했지만 육하원칙은 이런 역할을 해왔던 것이죠

- 육하원칙 : 기본적으로 대상을 바라보고 분석하는 프레임워크, 즉 '관점의 틀'이자 아이디어를 얻기 위한 '가늠자' 역할

바로, 브랜드의 이야기를 설계할 때도 이 육하원칙이 유용한 도구로 활용될 수 있습니다.

선명한 콘셉트,
육하원칙 질문으로
설계하라

관계의 출발점

모두가 콘셉트가 중요하다고 강조합니다. 사람에 따라 혹은 업계에 따라 그 정의도 꽤나 다양하죠.

어떤 식으로 정의하건 간에 콘셉트는 '한 줄의 언어'라는 특징을 가집니다. 우리가 만들고자 하는 BSA상의 하위 요소들을 담을 수 있고, 고객들이 브랜드를 경험하고 난 뒤 품었으면 하는 심상들을 묶을 수 있는 '한 줄의 언어'가 곧 콘셉트인 것이죠(BSA 구조상의 하위 요소란 구획된 공간(Zone)에 심은 모든 이야기를(Mise en scene & Vibe) 의미합니다. 디저트 카페 사례를 예로 들면, 메뉴, 패키지, 인테리어, 음악 등 고객들이 경험하는 모든 유무형적 요소가 해당됩니다).

좋은 콘셉트란 '정체성을 선명하게 규정하는' 한 줄의 언어입니다.

메시지 과잉 시대를 살아가고 있다 보니 사람들은 '선명하지 않은, 장황한' 말들을 흘려보내기 바쁩니다. 쏟아지는 메시지들로 인해 자신에게 과부하가 걸리는 것을 막는 일종의 자기 보호 기제라고나 할까요?

반면에 '선명한' 메시지들은 비록 찰나에 가까운 순간일지라도 이야기할 수 있는 기회를 얻게 됩니다. 그것이 직접

적으로 언어화된 것이든, 간접적으로 감각에 소구하는 것이든
사람들은 '선명한' 메시지를 알아보고 반응합니다.

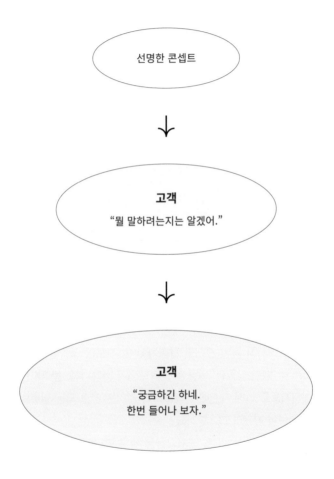

선명한 콘셉트가 반드시 구매나 성공을 보장하는 것은 아니지만, 고객과의 관계에 있어 첫 물꼬를 트는 결정적 요인임에는 분명합니다.

물론 콘셉트 자체가 호기심을 자아내는 것을 넘어서서 매력까지 갖추고 있다면 더할 나위 없을 것입니다. 하지만 욕심을 내어 이것저것 더하는 바람에 불분명한 콘셉트가 되는 경우가 많다 보니, 우선은 '선명함'에 초점을 맞춰 정체성을 규정해보는 것을 추천드립니다.

육하원칙으로 콘셉트 만들기

그렇다면 선명한 콘셉트는 어떻게 만들 수 있을까요? 이전 내용에서 말씀드린 '육하원칙'이라는 도구가 드디어 제 역할을 할 때입니다.

선명함은 불필요한 오해를 자아내는, 장황하기만 한 것들을 걷어내는 과정을 거치며 얻게 됩니다. 거꾸로 말하면 걷어낼 필요가 없는 특별한 그 무엇에만 집중할 때 얻게 되는 것이기도 합니다.

육하원칙은 '현재 우리가 가지고 있는 수많은 장점 중에 어떤 것의 날을 세울 것인가?'를 판단하는 데 유용한 관점을 제공합니다. 다음 여섯 가지 요소별로 스스로를 살펴보며 자문자답하는 과정을 거치게 됩니다.

육하원칙별로 던질 수 있는 질문 예시

누가(WHO)

- 창업자가 가진 특별한 이야기는 무엇인가?
- 남들과는 다른 어떤 시각과 생각을 가졌나?
- 우리의 가치를 가장 잘 대변할 역사적 인물이 존재할까?
- 가상의 캐릭터를 상정할 수는 없을까?
- 지금까지 누구도 주목하지 않았던 특별한 사람을 대상 고객으로 설정할 수 없을까?

언제(WHEN)

- 이 브랜드가 주목하는 특별한 순간은 언제인가?
- 지향하는 가치와 가장 부합하는 시대적 배경이 있나?
- 이때 끌어오고 싶은 세계관은 무엇인가?

어디서(WHERE)

- 우리가 추구하는 가치와 감성을 닮은 특정한 지역, 혹은 장소가 존재하나?
- 그곳의 어떤 점을 차용하여 고객의 판타지를 자극할 것인가?
- 고객과 소통하는 장소와 관련된 흥미로운 점은 무엇인가?
- 이제까지 해당 고객 접점에서 우리와 유사한 가치를 전달하는 브랜드는 존재하지 않았나?

무엇을(WHAT)

- 우리는 어떤 특별함을 만들고 있나?
- 그 특별함을 해체해보았을 때 다른 것들에 비해서 눈에 띄게 다른 요소는 무엇인가?
- 정말 특별한가?
- 어떤 욕구를 자극할 것인가?

어떻게(HOW)

- 우리가 문제에 접근하는 방식은 어떻게 다른가?
- 고객이 결과물을 확인하기까지의 과정에서 다른 브랜드와 구분되는 우리만의 방식이 존재하는가?
- 그 방식은 정말 다른가?

왜(WHY)

- 우리는 이 일을 왜 하는가?
- 고객들이 공명할 만한 가치인가?
- 동의를 넘어 무브먼트로 번질 만큼의 파급력을 가졌나?
- 우리가 판매하는 것은 제품을 넘어서 '생각과 신념'이라고 할 수 있나?
- 경험적 실체는 우리의 비전을 뒷받침할 만큼 탄탄한가?

일반적으로 좋은 콘셉트를 가졌다고 평가받는 브랜드들은 육하원칙 중 한 개의 요소에 집중하여 자신을 정체화한 경우가 많습니다. 최대 두 개를 섞는 경우도 존재합니다.

특히 '무엇을(WHAT)'과 '어떻게(HOW)'의 경우 '특정 대상을 특정 방식'으로 혁신하는 경우가 많기에, 뚜렷이 구분되기보다는 결합된 형태로 자주 발견됩니다.

다만 이 경우에도 두 가지 요소 간 위계는 명확히 설정해서 날이 무뎌지지 않게 만듭니다. 강조하고 싶은 내용이야 많겠지만, 그 욕망을 억누르고 하나의 지점에 전념하는 것이죠. 아쉽게 선정되지 않은 나머지 요소들은 콘셉트를 강화할 수 있는 형태로 정제되어 BSA상의 하위 구조에 편입됩니다.

말이 좀 어렵죠? 이후 구체적인 사례를 통해 이해를 돕겠습니다.

보는 이에 따라 다르게 정의하고 분류할 수 있겠지만 대중에게 사랑 받는 브랜드들의 '탄생' 당시 콘셉트를 제 나름의 관점에서 정리해보면 다음과 같습니다. 선명한 콘셉트 한 줄이 쓰이는 순간 비로소 하나의 세계가 탄생합니다.

누가(WHO)	
	나이키 운동선수들이 자신의 잠재력을 최대한 발휘하도록 돕는 혁신을 제공한다.
	링크드인 전문가의 네트워킹과 경력 개발을 위한 플랫폼
	몰스킨 예술가와 사상가들의 창의적 기록을 위한 동반자

언제(WHEN)	
	TWG 빅토리아 시대의 융성했던 차 문화를 현대적인 관점에서 재해석하다.
	**르 라보** 20세기 초 약국의 조제 방식에서 영감을 받은 개인 맞춤형 향수
	코카콜라 행복의 순간과 함께하는 상쾌한 경험

어디서(WHERE)	
	스타벅스 이탈리안 에스프레소 바를 미국 일상에 도입한다.
	모스콧 세대를 잇는 뉴욕 감성을 담은 아이웨어
	산 펠레그리노 이탈리아 산 펠레그리노의 자연과 이야기를 담은 프리미엄 미네랄 워터

무엇을(WHAT)	
	테슬라 지속 가능한 에너지로 동작하는 모빌리티
	맥도날드 어디서든 동일한 품질과 서비스를 제공하는 패스트푸드 경험
	브롬톤 도시 생활에 최적화된 혁신적이고 콤팩트한 접이식 자전거

어떻게(HOW)
이케아 DIY 조립 방식과 평면 포장을 통해 합리적인 가격의 가구와 생활용품을 제공한다.
구글 세상의 모든 정보를 정리하고 누구나 접근 가능하게 만든다.
우버 단 몇 번의 터치로 언제 어디서나 이동을 간편하게 만든다.

왜(WHY)
파타고니아 환경 위기에 대한 해결책을 찾기 위해 사업을 활용한다.
에버레인 패션 산업을 지속 가능하게 변화시킨다 (Cleaner Fashion).
무인양품 '이것으로 충분한' 양질의 제품을 만든다.

세계관을
구축한다는 것

브랜드는 한 줄의 콘셉트가 만든 세계관이 공허해지지 않기 위해 BSA 하위 구조를 성실히 구축해 나갑니다.

예를 들어 2008년 싱가포르에서 설립된 'TWG'의 경우 차(茶)를 즐기는 문화가 정점에 달했던 빅토리아 시대를 콘셉트로 끌어옵니다. 자신들의 차(茶)에 대한 자부심과 지향점을 가장 잘 대변해준다고 생각하는 특정 시기(WHEN)를 전면에 내세우는 것이죠.

이 경우 BSA 하위 구조를 이루는 요소들은 콘셉트를 강화하는 방향으로 개발됩니다. 가령 패키지 대표 컬러 하나를 정할 때에도 그 '시대'에 가장 럭셔리한 상징들을 탐색하게 되고, 차 문화의 발원지라고 할 수 있는 중국의 황제 복식에서 컬러를 추출하여 '카나리아 옐로(Canary-yellow)'라고 명명하는 식이죠.

패키지에 삽입하는 문자 하나에도 이야기를 심습니다. 빅토리아 시대를 오마주 하는 브랜드이기에 빅토리아 여왕의 즉위 연도이자 싱가포르에서 처음으로 차가 거래된 기념비적인 해인 '1837'을 가장 잘 보이는 곳에 새기죠. 실제 브랜드가 시작된 시점을 감춘 채 사람들이 유구한 역사를 가진 브랜드로 오인하게 만든다는 측면에서 '1837' 표기가 논란이 되기도 합니다(실제로 TWG는 최근에 무슨 이유 때문인지 모르겠지만 로고에서 1837을 뺐습니다). 개인적으로는 1837이라는 의미심장한 연도를 전면에 내세웠다면, 이 세계관을 고객들이 충분히 흠뻑 경험할 수 있게 '부지런히' 다음과 같은 실체들을 만들어 나가야 한다고 생각합니다.

사실	저희 TWG는 차 문화가 정점에 달했던 빅토리아 시대를 오마주 하며 그 시대 차 문화를 현대적 감각으로 재해석한 브랜드입니다
가상	이번에 출시된 특별 에디션은 빅토리아 여왕을 보필했던 핵심 귀족 3인이 즐겼던 홍차 제품입니다 (멜번 경, 벤자민 디즈레일리, 팔머스턴 경). 각자가 즐겼던 품종과 음용 방식을 참고하실 수 있게 설명 카드가 포함되어 있습니다. 설명 카드 상단에는 3인의 유명한 어록을 담았고, 하단에는 그들이 실제 문서에서 사용했던 서명을 새겼습니다. 특별 에디션 패키지 디자인은 3인 각자의 가문이 사용했던 문장(Heraldry)을 모티브로 제작되었습니다

사실	최고급 라인 중 하나인 OOO 에디션 패키지는 특별히 원형 캐비어 틴케이스로 제작되었습니다.
가상	19세기 초 러시아와 이란에서 대중화되었던 캐비어는 당시로서도 가장 고가의 무역품 중 하나였습니다. 동서양을 오가던 무역선의 열악한 환경에서도 캐비어의 신선도를 유지시켜 주었던 틴케이스 제작 기법을 계승한 이번 패키지는 최고급 TWG 제품 라인에 어울린다고 할 수 있습니다. 틴케이스 표면에 새겨진 꽃은 빅토리아 여왕의 남편인 앨버트 왕자가 아내에게 보낸 첫 번째 선물인 봄 오렌지 꽃 브로치를 상징합니다.

사실	또한 TWG는 최고급 차 브랜드를 지향하기에 백화점 1층 명품 매장 바로 옆에 입점하는 것을 목표로 하고 있습니다.
가상	매장 디자인의 경우 빅토리아 여왕이 휴식과 사생활을 즐기기 위해서 사적으로 소유했던 발모럴 성(Balmoral Castle)의 곳곳에서 영감을 받아 개발했습니다. 특히 가족들이나 특별한 손님을 모셔서 교류했던 드로잉 룸(Drawing Room)에서 디자인 요소들을 추출하여 현대적인 감각에 맞게 재해석한 것이 특징입니다.

BSA 하위 구조를 구축해 나간다는 것이 어떤 의미인지를 구체적으로 설명하기 위해 '제품 라인'과 '매장 디자인'에 초점을 맞춰 발산을 해보았습니다. 군데군데 TWG가 실제로 시장에 선보인 사실들과, 제가 만약 TWG의 디렉터라면 했을 가상의 시도들은 별도로 구분했습니다.

이와 같은 이야기들로 빼곡히 준비된 브랜드라면 그 정성과 노력이 갸륵해서라도 고객들은 TWG의 세계관에 관심을 기울일 것입니다. '1837'이라는 숫자만을 덩그러니 내세우는 경우와는 비교할 수가 없죠. 오히려 고객들이 자신이 흥미롭다고 생각한 1837 세계관 속 이야기를 주변에 퍼트릴 가능성도 높아질 것입니다.

이 같은 부지런함 없이 고객들의 오해로 인한 얄팍한 이익을 좇는 브랜드라면 자연스럽게 시장에서 소멸될 것입니다. 개인적으로 TWG는 멋진 세계관을 내세웠다고 생각합니다. 하지만 그 세계를 이야기로 더 풍부하게 채우기보다는, 로고에서 숫자 '1837'을 지움으로써 한 발 물러나는 것 같아 조금 아쉽습니다.

'누가(WHO)?'로
콘셉트 만들기

누구라도 알고 있는 사례를 통해 이해를 돕는 것은 분명 나름의 효용이 있습니다. 하지만 나이키, 애플과 같은 사례들이 쌓아온 성취가 너무나도 거대하기에 나와는 다른 세상의 이야기로 느껴지는 것도 사실입니다.

'와… 멋지다…. 인사이트가 넘치는구나. 근데 내 사업, 내 브랜드에는 어떻게 적용하지?'

이번 장에서는 상대적으로 성공의 크기가 작을지언정, 제가 직접 만들었던 브랜드 사례들을 최대한 많이 보여드리며 콘셉트 만드는 법에 대해 설명드리겠습니다. 주변에 흔히 있을 법한, 조금 더 가깝고 친숙한 저의 작업 과정을 보신 후 '당장 나도 접목해보고 싶다!'라는 용기를 가지셨으면 좋겠습니다.

핵심 사용자 규정하기

예를 들어 '누구(WHO)'의 경우 가장 손쉽게는 '핵심 사용자'를 규정해보는 일이 가능할 것입니다.

수많은 사람 중에 누가 우리의 제품을 가장 사랑해줬으면 좋겠는지 '용기 내어' 좁히는 순간, '구체적인' 고민이 가능해집니다. 종이에 무언가 끄적이는 게 너무 좋아서 자신의 눈높이를 만족시킬 만한 수준의 노트를 만든 사람이 있다고 가정해보겠습니다.

맹목적으로 감각을 충족시키는 물성에만 천착할 것이 아니라 '몰스킨(MOLESKINE)'처럼 '예술가와 사상가들의 창의적 기록을 위한 동반자'라는 한 문장으로 자신을 정체화하는 순간 아래와 같은 '구체적인' 질문들이 이어지게 됩니다.

- '나의 노트를 가장 애정해줬으면 하는 예술가와 사상가로는 누가 있을까?
- 그들이 실제로 사용했던 노트 혹은 작업 방식의 특징은 무엇인가?
- 특별히 선호했던 레이아웃, 지류, 사이즈, 컬러, 커버의 재질이 있나?
- 그들에게 영감을 줬던 인물, 작품, 사물, 여행지, 어록 등은 무엇인가?
- 그것들에서 그들은 어떤 영향을 받았나? 그들이 했던 말이나 활동 중에 노트를 사용할 사람들에게 영감을 줄 수 있는 것은 무엇인가?
- 우리 제품에 어떻게 녹여낼 수 있을까?'

해당 질문들에 대한 나름의 답은 기존에 만들어둔 노트에 많은 변화를 가져다줄 것입니다. BSA 하위 구조에 녹아든 변화의 요소들은 인류의 유산을 남긴 예술가, 사상가들과 간접적으로나마 교감하고픈 사람들에게는 뜻깊은 선물이자, 주변에 소개하고 싶은 이야기가 됩니다.

창업자의 철학으로 콘셉트 만들기

창업자의 '시각과 생각'을 콘셉트 한 줄에 녹여보는 것도 방법입니다. 자신만의 브랜드를 만들고 싶어했던 지인 S를 도와 제가 콘셉트를 만들어간 과정을 들려드리면 좋을 것 같네요.

S는 패션 디자인 전공자입니다. 세월에 몸을 맡기고 살다 보니 어느덧 두 아이는 훌쩍 커버렸고, 전공과는 무관한 평범한 주부의 삶을 살아가고 있었습니다. 자칫 무료할 수 있는 일상이었지만 S는 디저트를 손수 만들어 아이들을 먹이는 행위에 차츰 재미와 보람을 느끼게 됩니다.

이렇게 누적된 몰입의 시간이 결국 기예를 갖추게 해주었고, 주변 친구나 지인들이 명절 때에는 선물용으로 구매할 정도의 수준에 이르게 되었습니다. 이쯤 되자 자신의 브랜드를 만들어야겠다는 생각을 S도 하게 되었지만 어딘가 허전하다는 생각을 하게 됩니다.

'다른 브랜드와 차별화되는 나만의 엣지를 찾고 싶다….'

S와 꽤 오랜 시간 동안 대화를 나누고, 제품을 경험해보며 저는 두 가지 흥미로운 사실에 주목하게 되었습니다. 우선 S가 만든 디저트들에서 아주 미묘하게 기존 제품들의 문법과는 다른 요소들을 발견할 수 있었습니다.

예를 들면 휘낭시에, 프로틴바로 보이는데 베이스에 한과에서 주로 쓰는 곡물을 다채롭게 사용해서 색감과 맛을 달리한다거나, 쿠키 중앙에 커다란 홈을 판 뒤 은은한 빛깔로 곡물, 허브 크림을 채워 보석의 느낌을 낸다거나 하는 식이었습니다.

개인적으로는 서양의 레시피와 기법을 따르되 재료가 한국적이라 좋았습니다. 익숙하긴 한데, 뭔가 기분 좋게 신경 쓰이는 '다름'이 배어난다고 해야 할까요?

두 번째 사실이 더 중요한데 S는 적어도 제가 느끼기에는 현재의 제품보다 더욱더 창의적인 방향으로 나아가고 싶어 하는 것 같았습니다. 기본기만 탄탄하다면 새로움을 추구하는 게 차별화 관점에서 유리하다는 것을 우리 모두 알고 있습니다.

다만 사람에 따라 새로움을 향한 보폭이 다를 수 있다는 사실을 받아들여야 합니다. 억지로 옷을 끼워 맞추듯 새로움을 추구하는 방향으로 제 삼자가 이끈다 한들 만드는 이가 준비되어 있지 않으면 무용하다는 것을 에이전시 기간 동안 많이 경험했습니다.

제 판단으로 S는 새로움을 향한 보폭이 매우 큰 사람이었고, 자신이 한동안 걸어왔지만 지금은 가지 않는 길에서 콘셉트 한 줄을 시작해보면 좋겠다고 생각했습니다.

■ 창업자의 철학을 반영한 콘셉트 :
패션 디자인 전공자가 세계 복식사에서 영감을 받아 디자인하는 코리안 디저트

이전에 없던 무언가를 만들어내는 이들은 많은 경우 역사 속 아카이브에서 영감을 받아 자신만의 시각과 생각을 녹여

냅니다. 우리도 이와 같은 방식으로 접근하면 좋겠다고 대화를 이끌어가는 과정에서 S는 은연중에 패션에 대한 미망의 열정을 쏟아내더군요. 브랜드가 '어떤 방향으로' 새로움을 추구할 것인지 분명해지는 순간이었습니다.

세계 복식사에서 이정표 역할을 했던 스타일들을 S만의 시각과 생각으로 재해석한 디저트들이 풍부한 이야기를 머금은 채 출시될 것입니다. 예를 들면 이브 생 로랑이 1910년대 '데 스테일(De Stijl) 운동'을 이끌었던 추상주의 거장 몬드리안에 경의를 표하며 선보인 1966년 드레스를 재해석해 우리만의 디저트 라인으로 선보일 수 있겠죠. '몬드리안 컬렉션'이라는 이름으로요.

단순히 'OO년 장인' 또는 'OO 출신'이 만든 브랜드라고 무미건조하게 '만든 이의 이력'을 강조하기보다는 어떤 시각과 생각으로 무언가를 만드는 사람인지를 보여주는 것이 조금 더 흥미를 자아낸다고 생각합니다.

제3의 인물을 내세우기

또 한 가지로는 '제3의 인물'을 전면에 내세우는 방법을 들 수 있습니다. 인물 역시 실존 인물과 가상 캐릭터로 나눌 수 있겠는데요. 실존 인물의 경우 앞서 보여드렸던 마리 앙투아네트, 마이클 콜린스의 사례를 참고하실 수 있을 것 같습니다. 우리 브랜드가 추구하는 가치를 가장 잘 대변하는 실존 인물의 흥미로운 발자취를 재해석하거나, 일부 사실을 배경으로 하되 상상을 가미하는 방식이 가능합니다.

가상의 캐릭터를 전면에 내세우는 방법은 다소 생소하실 수 있을 것 같습니다. 제가 작업했던 사례를 통해 이해를 돕고자 합니다.

제 친구 K는 새로운 덮밥 브랜드를 만들고 싶어 했습니다. 우리에게 익숙한 덮밥을 아주 살짝 비틀어서 사람들이 흥미를 느끼게 만들고 싶어 했죠. 재료, 레시피, 플레이팅을 어떻게, 얼마나 비틀 것인가에 친구는 몰두하고 있었습니다.

감각적으로 익숙하면서도 조금 다른 가치를 만들어내는 것은 본질적으로 매우 중요합니다. 다만 저는 '왜 살짝 비트는지'에 대한 개념, 즉 이야기가 함께 따라 붙으면 더 좋겠다고 생각했습니다.

이때, 가상의 캐릭터를 설정하고 이 캐릭터의 눈으로 바라본 소설적 세계를 창조해봅니다.

이런 상상을 토대로 아래 콘셉트를 만들게 됩니다.

가상 캐릭터를 내세운 한 줄 콘셉트 :
뉴요커 밥 존스에 의해 재해석된 패스트 캐쥬얼 덮밥 브랜드

일반적으로 새로움은 새로운 시각에서 비롯된다.

뉴욕에서 햄버거 가게를 운영하던 한 외국인이
아시아를 여행하다가 우연히 덮밥을 보게 된다.

그는 따뜻한 밥 위에 다양한 토핑과 야채가 조합되어
빠르게 손님들에게 제공되는 덮밥을 본다.

'아니, 이건 빵이 밥으로 바뀐 것일 뿐이지.
마치 아시아 버전의 햄버거잖아?

'나에게 익숙한 재료, 뉴욕 사람에게 익숙한 재료로
이 덮밥을 재구성해보아야겠어!'

이 브랜드를 경험하는 고객들은 밥 존스라는 캐릭터의
성격, 특징, 생각을 알 수 있는 다양한 이야기와 만나게 될 것
입니다. 단순히 음식 사진들로 점철된 식당이 아닌 캐릭터를

중심에 놓고 콘텐츠를 생산하는 비즈니스로 성장할 가능성을 가지게 됩니다. 다소 생소할 수 있는 외양의 덮밥이 왜 그러한 모습을 가지게 되었는지 고객들은 납득하게 됩니다.

아쉽게도 브랜드 '밥 존스 다이너'는 여러 사정으로 인해 시장에 출시되지는 못했습니다. 하지만 신메뉴를 출시하는 것이 고객들에게 새롭게 던질 수 있는 이야깃거리의 거의 전부라서 갈증을 느끼는 분들이라면 참고할 만한 접근법이라고 생각합니다.

'밥 존스 다이너'의 메뉴 이미지와 패키지 이미지

WHO 사례 : 이도맨숀

2016년 가을, 돼지고기를 주로 취급하는 브랜드의 가맹점주로 4년 동안 자영업을 해오시던 사장님 한 분이 저를 찾아오셨습니다.

"이제는 제가 생각하는 것들을 오롯이 담은 저만의 브랜드를 만들어보고 싶습니다. 제가 제일 잘 알고 잘하는 건 역시 고기인데요. 고기라고 하는 게 지글지글 연탄불에 구우면서 그을린 냄새도 좀 나고 시끌벅적하게 먹는 게 제맛이긴 하죠. 하지만 이번에는 세련된 장소를 만들어보고 싶어요. 귀한 분을 모시고 싶을 때 비밀스럽게 찾는 고급 한우집 브랜드를 원합니다."

사장님과 수차례 대화를 나누고 새로운 브랜드를 함께 일궈 나갈 실무 팀원분들을 만나고 난 후, 애초에 제 예상보다 훨씬 팀이 단단하다는 생각이 들었습니다. 원육을 조달하고 가공하는 방식, 플레이팅의 세련됨 등 여느 미슐랭 식당에 비교해도 손색이 없겠다 싶었습니다(실제로 이 팀은 식당 오픈 후 2년 뒤 미슐랭 가이드 빕구르망에 선정됩니다).

문제는 남들과 구분되는 '우리만의 한 끗'이 구체적으로 잡히지 않는다는 점이었습니다. 가장 귀한 분을 모실 만한 수준의 식당임을 드러내는 콘셉트가 필요했습니다. 콘셉트가 정해져야 브랜드명이라든지 인테리어 방향성 등이 결정될 테니까요.

브랜드를 만드는 과정에서 수많은 논의가 오갔지만 결

국, 제가 가장 처음에 사장님께 제안드렸던 '한 줄의 상상'을 넘어서지 못했습니다. 수많은 후보 속에서 그 한 줄의 상상이 가장 강력했죠. 그 상상은 한반도 역사상 '고기' 하면 떠오르는 '고귀한' 인물(WHO)로부터 출발합니다.

'만약 세종대왕(WHO)이 지금까지 살아 계시다면 어떤 장소를 만들어두고 고기를 즐기셨을까?'

많은 분들이 아시다시피 세종대왕은 고기에 진심이었습니다. 아무리 아프더라도 상에 고기가 올라오지 않으면 노하실 정도였으니까요. 그토록 고기를 애정하는 인물이 자신의 소중한 지인들을 초대해 고기를 즐기는 곳을 만든다면 허투루 만들지 않을 것입니다. 시대와 장소를 뛰어넘어 세종대왕의 취향이 발현되는 곳을 상상했기 때문에, 메뉴나 인테리어 디자인 등에서 확장성과 자유도가 높았습니다. 저는 고객들도 분명 흥미롭게 이 세계관을 소비할 것이라 생각했습니다.

한 줄의 콘셉트가 정해지자 그다음 BSA가 순조롭게 설계되기 시작했습니다. 브랜드명의 경우, 너무 노골적으로 세종대왕을 드러내기보다는 그분의 이름인 '이도(李祹)'를 내세웠습니다. 사회적 신분을 내려놓고 자연인 이도로 돌아가 마음껏 행복을 즐긴다는 점을 강조하고 싶었습니다.

이도가 만든 아지트라는 의미로 '이도맨숀(Yido Mansion)'이라는 브랜드명을 확정한 뒤 각종 시각적 요소에도 콘셉트를 녹여냈습니다. 대표적으로는 로고를 만들 때 왕의 상징인 일월오봉도(日月五峰圖)를 현대적으로 디자인하는 식의 시도를 꼽을 수 있습니다.

1호점 인테리어 디자인 방향성을 잡아갈 때에도 '상상'에서 출발한 아래 이야기가 접목되었습니다.

1920년대 세종은 미국을 여행하면서 당시 유행하던 아르데코(Art Déco) 스타일에 심취하게 되었고, 자신의 아지트를 만들 때 꼭 이를 적용하겠다는 다짐을 한다.

마치 영화 〈위대한 개츠비〉의 한 장면이 떠오르도록 1호점 인테리어 디자인이 개발되었습니다. 이 세계관 아래에서라면 이후 2호점, 3호점 확장해 나갈 때 특정 시대의 특정 스타일로 변주를 주면서 지점을 설계하는 것이 얼마든지 가능할 것입니다.

개인적으로는 제가 '브랜드 만드는 일'을 시작한 지 얼마 되지 않은 초기의 프로젝트이기도 하고, BSA라는 확실한 저만의 방법론을 구축하지 못했던 시기이다 보니, 여러모로 아쉬움이 남습니다. 지금의 경험과 생각대로라면 조금 더 탄탄한

이야기 구조를 만들 수 있었겠다는 생각이 가끔 듭니다.

예를 들면 세종대왕이 실제로 즐겼던 음식과 관련된 흥미로운 이야기들을 추출하여 메뉴 체계에 적용하는 것도 얼마든지 가능했을 것입니다. '와…. 세종께서 고기를 즐길 때 이런 음식을 곁들이셨구나. 그런데 이런 방식으로 재해석을 했네. 재밌다!'라는 고객의 반응을 기대하며.

그뿐만 아니라 1호점에서 사용할 식기류 하나를 선정할 때도 1920년대 미국에서 유행했던 아르데코 스타일을 펼쳐본 뒤 국내 공방과 협업하여 우리만의 식기 디자인으로 제작하는 것도 가능할 것입니다. '어떤 것에서 영감을 받아 이렇게 제작했는지' 설명하는 문구를 적어둔다면 고객들은 주변에 이야기할 거리를 하나 더 얻게 될 것입니다.

미슐랭 가이드 빕구르망에 선정되고 단기간에 3호점까지 확장하는 등 시장에 성공적으로 안착해 나가던 '이도맨숀'은 아쉽게도 코로나 여파를 이기지 못하고 움츠러들게 됩니다. 현재는 여의도 1호점이 명맥을 이어나가고 있습니다.

일반적으로 신생 브랜드는 유구한 역사적 사실과 이야기가 부족할 수밖에 없습니다. 이도맨숀은 이런 현실에 움츠러들기보다는 상상이라는 도구를 적절히 활용할 때 얼마든지 매력적인 브랜드로 고객들에게 다가갈 수 있다는 사실을 저에게 깨닫게 해준 사례입니다.

'언제(WHEN)?'로
콘셉트 만들기

특정 순간에서 가치 발견하기

다음으로 '특정 순간'이나 '시대', 즉 '언제(WHEN)에 주목해보는 것을 추천드립니다.

먼저, 특정 순간에 접근하는 방식은 핵심 사용자를 규정해보는 것과 유사합니다. 우리 제품이나 서비스가 다른 순간에도 쓰이겠지만 '특정 순간'으로 좁힘으로써 우리만의 영역을 확보하는 것이 가능하죠.

'레드불(Redbull)'이 '에너지가 필요할 때', '고프로(GoPro)'가 '모험과 액션의 순간'을, '콜린스(Collins)'가 '지극히 개인적인 순간'을 자신들의 콘셉트 한 줄에 주요하게 녹여낸 것을 떠올리실 수 있을 겁니다.

1910년에 미국에서 설립된 카드 및 선물 브랜드 '홀마크(Hallmark)'처럼 아예 조금 더 넓게 자신들이 주목하는 순간을 규정한 뒤 하위 세부 순간들을 빼곡히 채우기도 합니다. '당신이 특별한 순간을 기념하고, 감정을 표현할 수 있도록 돕는 브랜드'라고 스스로를 정의하며 생일, 결혼, 명절, 졸업, 연말연시 등 축하와 위로가 필요한 거의 모든 순간을 다룹니다.

내가 만들고 있는 제품이나 서비스가 사람들의 삶 속 특정 순간을 포착해 가치를 제공하는 것이 핵심이라면, 그 순간을 콘셉트로 정리해보시길 권합니다.

111

특정 시대를 현재화하기

시대로 접근하는 방식의 경우 역사 속 실존 인물을 끌어오는 WHO의 방식과 유사합니다. 다만 한 인물에 초점을 맞추기보다는 한 시대의 문화와 스타일을 광범위하게 현재로 가져와 재해석하는 것이 특징입니다.

특정 시대를 끌어오기 위해서는 우선 하고자 하는 일이 무엇인지 명확히 해야 하는데요. 내가 지금 만들고 있는 것이 무엇인지 제대로 이해하고, 앞으로 어떤 것들을 이루겠다는 비전을 세운 뒤에 비로소 이와 유사한 맥락에서 찬란했던 시대를 인류의 아카이브에서 뒤적여보는 것이죠.

나의 지향점과 결이 유사한 시대를 찾았다면 단순 모방과 재현을 넘어서야 합니다. 뼈대로 살릴 것을 남기고 지금의 관점에서 재해석하는 과정이 뒤이어져야 합니다.

최근에 친구 H가 운영하는 '까치화방'이라는 카페를 위해 시대를 끌어온 적이 있습니다. 까치화방은 여느 카페와는 달리, 매 계절마다 바뀌는 꽃과 그에 어울리는 케이크를 합리적인 가격으로 묶어 판매하고 있었습니다. 이 독특한 접근 방식은 고객들에게 점점 더 좋은 반응을 얻고 있었습니다.

그러나 H는 브랜드 전체를 관통하는 매력적인 콘셉트와 이를 기반으로 한 풍부한 이야기가 필요하다고 느끼고 있었습니다. 콘셉트와 이야기가 탄탄히 갖춰질수록 메뉴 하나를 만들더라도, 우리만의 '다름'을 표현하기 수월해진다는 사실을 H는 본능적으로 깨닫고 있었습니다.

　　이야기를 나누는 과정에서 H와 저는 '꽃과 케이크를 매개로 사람들이 서로에게 마음을 표현하도록 돕는 일'이 까치화방이 하는 일이라는 점에 공감하게 됩니다. 하는 일이 무엇인지 명확히 정의하고 나니, 결이 맞는 시대를 찾는 일은 어렵지 않았습니다. 이내 한 줄의 콘셉트를 만들게 됩니다.

　　특정 시대를 현재화한 한 줄 콘셉트 :
　　19세기 빅토리아 시대 사람들의 애정 표현법에서 영감을 받은 카페 브랜드

　　이 한 줄 콘셉트에서 더 나아가, 서로가 공감한 이야기를 조금 더 풀어서 세부적으로 적어보기도 했습니다. 그리고 BSA 하위 구조를 채우는 요소들을 위한 재해석도 이어졌습니다.

콘셉트
19세기 빅토리아 시대 사람들의 애정 표현법에서 영감을 받은 카페 브랜드

콘셉트를 디테일한 이야기로 적어보기
Every sweet moment, Luck begins! 빅토리아 시대에 이르러 꽃은 특별한 의미를 가지게 되었습니다. 이전까지 특정 공간을 채우는 장식에 머물던 꽃의 쓰임은 미묘한 감정과 의미를 담아 누군가에게 전달되는 매개체로 변모합니다. 1831년 헨리 필립스(Henry Phillips)의 저서 《꽃의 언어에 대한 안내서(Floral emblems: or a guide to the language of flowers)》를 시작으로 꽃말, 꽃들 간 조합에 숨겨진 메시지를 해독하는 각종 사전들이 쏟아졌습니다. 이 같은 변화의 중심에 빅토리아 여왕이 서 있습니다. 여왕은 그가 애정하는 이들에게 자신이 느끼는 풍부한 감정을 빠짐없이 한 다발 꽃에 담아 '전달'했습니다. 평소 즐기던 달콤한 케이크와 함께! 200년에 가까운 시간이 흐른 지금, 우리는 사랑하는 이들에게 우리의 마음을 충분히 '전달'하고 있는지 돌아보게 됩니다. 까치화방은 마음속을 배회하기만 하던 당신의 마음이 소중한 사람에게 오롯이 전달될 수 있도록 돕고 싶습니다.

BSA 하위 요소를 만들기 위한 재해석

- 헨리 필립스의 꽃의 연감에서 쓰였던 상형문자와 삽화들을 현대적인 감각으로 디자인해서 포장지나 종이컵에 접목해보면 어떨까?
- 선물하는 사람이 자신의 미묘한 메시지를 골라서 전달하도록 꽃말 카드를 여러 종 제공해보면 어떨까? 여왕이 즐겨 선물했던 스펀지 케이크를 우리 식으로 소화해서 출시해보면 어떨까?
- 마음을 전달하기 위해 들리는 곳이니 다음 매장의 디자인은 우체국을 콘셉트로 해보면 어떨까?
- 이 모든 이야기를 고객들이 즐길 수 있게 어딘가에 배치하자.

패션 업계에서는 이미 오래전부터 이런 접근이 활발하게 이루어져왔습니다. 단순히 물리적 실체로서 옷을 팔기보다는 특정 시대의 문화와 스타일을 재해석하여 판타지를 창조해왔죠.

앞으로는 패션 외의 분야에서도 이런 식의 이야기 관점에서의 접근이 더욱 활발해질 것이라 생각합니다. 단순히 케이크 한 조각의 맛을 즐기는 것을 넘어, 그 케이크를 둘러싼 복합적인 이야기를 소비하고 싶어 하는 사람들이 늘어나고 있기 때문입니다.

무엇보다, 출발부터 풍부한 이야깃거리를 가지고 시작할 수 있다는 점에서, 제로에서 이야기를 만들어가는 방식보다 효율적입니다.

여기까지 저는 실체를 먼저 만든 뒤 차별화를 고민하고 있는 분들에게 WHO, WHEN이라는 도구가 도움이 될 수 있다는 사실을 사례를 통해 보여드렸습니다.

하지만 반대로 WHO, WHEN의 관점에서 개념(이야기)을 먼저 만든 뒤 그에 맞는 감각(실체)을 구현하는 방식도 충분히 효과적일 수 있다는 점을 강조하고 싶습니다. 아마 이렇게 순서를 바꿔 앞에서 제가 설명드린 내용들을 다시 읽어보신다면 제법 새롭게 느껴지실 겁니다.

2018년 여름, 'OTD'라는 회사의 디렉터 한 분이 성수동에 만들 새로운 복합문화공간 계획안을 들고 찾아오셨습니다(OTD는 '아크앤북'이라는 브랜드의 운영사로 지금은 유명합니다).

그 계획안은 오늘날 다시 생각해보아도 흥미롭습니다.

- 오랜 역사를 가진 3층짜리 ㄷ자 모양의 화학 공장. 옥상부터 1층까지 하나의 공간 안에서 생산과 제작, 유통과 판매가 모두 가능한, 마치 '작은 사회'와도 같은 자생적 플랫폼을 만든다.
- 생산-제조-유통-판매를 수행할 수 있는 다양한 카테고리의 브랜드들이 모여 상생을 도모한다.
- 예를 들면, 옥상 텃밭의 도시 농업 브랜드로부터 2층의 잼 브랜드가 과일을 구매해서 잼을 제조한다.
- 이 중 일부 제품군을 1층 편집샵과 카페에 납품한다.
- 방문 고객들은 1층부터 옥상까지 전층을 돌며 이 작은 사회를 경험한다.

계획안이 실현될 공간의 브랜드명이 '성수연방'이라는 말까지 들은 뒤, 머릿속에 떠오른 것은 '중세시대 길드(Guild)'였습니다. 각종 장인과 상인들이 서로의 기술을 보호하고 이익을 도모하기 위해 만든 길드. 그 길드들이 모여 상호 교류하는 과정에서 만들어진 생태계가 성수연방의 모습과 꽤 많이 닮았다는 생각이 들었기 때문입니다.

서로가 머릿속으로 그리는 그림이 거의 유사했기에 OTD 측과 한 줄의 콘셉트를 합의하는 데에는 많은 시간이 소요되지 않았습니다.

> ▪ 콘셉트 :
> 중세시대 길드 생태계(WHEN)를 21세기 성수동에 재현하다.

어떠한 시각적 체계(Visual System)를 통해 성수연방을 방문하는 고객들이 이 콘셉트를 느끼게 할 것인가가 관건이었습니다. 성수연방이라는 브랜드의 특성상 하나의 공간에 수많은 브랜드들이 담겨 있고, 그들 사이의 관계를 통해 '새로운 그 무엇'이 지속적으로 탄생합니다. 입점 브랜드 간의 콜라보 제품이 출시될 수도 있고, 외부 브랜드와의 공동 팝업 행사가 빈번히 일어날 수도 있는 것이죠.

이러한 관계성을 표현하기 위해서는 성수연방을 상징하는 하나의 '틀'이 필요하다고 보았습니다. 그 공통된 틀을 모든 입점 브랜드들이 공유하되, 틀 안에서 각자의 개성을 표현할 수 있다면 이 또한 잠재 고객들에게 매력적인 이야깃거리가 될 수 있겠다고 생각했습니다.

"이번에 생긴 성수연방 가봤어? 브랜드 OOO이 입점했는데, 성수연방 한정판 로고를 이렇게 만들었더라고! 다른 브랜드들도 이런 식으로 만들었더라! 귀엽지?"

대표성을 가진 이 '틀'로서 적합한 것이 무엇이 있을까 고민하던 과정에서 팀이 주목한 것은 문장학, 이른바 '헤럴드리(Heraldry)'였습니다. 유럽에서는 국가, 도시, 대학, 심지어 민간 이익 집단인 길드까지 다수의 집단들이 자신들을 표상하기 위해 특정 문장을 오랜 시간 사용해왔고, 집단 간의 관계성 변화에 따라 이 문장을 적절히 합치거나 변형해왔습니다.

예를 들어, 중세 시대 초기에 건어물을 판매하는 길드는 생선 두 마리가 교차하는 문장을, 생선을 판매하는 길드는 고래 세 마리가 세로 한 줄로 늘어선 문장을 각각 사용했습니다. 시간이 흐르며 생선 길드의 힘이 더 세지면서 건어물 길드와의 합병이 가시화되었고요. 어떤 형태의 문장으로 두 길드를 통합할 것인가가 꽤 첨예한 이슈였는데, 결국 생선 길드의 고래를 중앙에 놓는 대신 건어물 길드의 물고기 숫자를 두 배로 늘려 양측에 배치하는 문장에 합의합니다. 새롭게 탄생한 '수산물 유통(Worshipful Company of Fishmongers)' 길드는 1512년 왕의 공인을 받고 교황의 권위를 나타내는 열쇠를 문장에 추가합니다. 하지만 영국이 수장령을 발표한 1534년부터 열쇠는 문장에서 빠지게 됩니다.

성수연방에도 이 같은 문장학의 요소를 접목할 수 있겠다고 생각했습니다. 문장의 외곽선 형태도 굉장히 다양하지만

가장 일반적으로 떠올리는 형태인 '방패 모양'을 성수연방의 틀로 정했죠. 이 틀 안에 들어갈 수 있는 다양한 요소들을 마치 언어를 개발한다는 생각으로 미리 디자인해두고, 각 입점 브랜드들이 조합해서 쓸 수 있게 만들었습니다. 자연에 존재하는 것들 중 입점 브랜드들이 자신들을 표현할 때 쓸 법한 거의 대부분의 것들을 '요소 바구니(Element Pool)'에 담았습니다.

시각 체계로서 공통의 틀과 그 틀을 채우는 디자인 언어가 생기다 보니 파생된 아이디어들이 쏟아졌습니다. 예를 들면 성수연방 중정에서 전시, 공연, 팝업 등 여러 종류의 행사를 진행하게 되는데, 이 행사를 알리는 포스터 하나를 만들 때에도 행사의 성격에 따라 포스터 디자인을 카테고리화하는 것도 가능하다고 봤습니다. 마치 문장학에서 가문 간의 '동맹'이나 '결혼' 같은 사건이 발생했을 때 두 사건을 각각 다르게 가문의 문장에 반영하는 것과 같은 맥락으로 우리만의 규칙을 만드는

것이죠.

입점 브랜드들이 '성수연방 한정판 제품을 출시한다고 가정했을 때 어떤 패키지 디자인을 적용할 것인가?'에 대한 가이드도 마련했습니다. '아주 특별한 제품을 발신인(입점 브랜드)이 수신인(성수연방)에게 보낸다!'라는 개념을 담기 위해 '편지봉투' 컨셉으로 제작되었습니다.

앞서 말씀드린 '요소 바구니(Element Pool)'에 담아둔 것들이 워낙 많다 보니 굿즈 하나를 만들더라도 성수연방다운 것들이 기획되었습니다. 요소들의 조합만으로 세상에서 유일한 화투가 탄생했습니다.

사소해 보이지만 BSA 하위 구조를 빼곡히 채운 이것들이 성수연방을 방문하는 고객들에게는 주변에 널리 알리고픈 이야깃거리가 될 것임을 확신했습니다. 다만 안타까운 것은 많은 프로젝트가 그러하듯 예상치 못했던 요인들로 인해 우리가 계획했던 수많은 것들이 실현되지 못했다는 사실입니다. 법률상의 문제로 제조 시설을 성수연방 내에 둘 수 없게 됨에 따라 '자생적 생태계'의 중요 축이 무너지게 되고, 여느 다른 복합문화공간과의 차별점이 흐려지게 되었습니다. 무언가를 만드는 사람이 사라지고 파는 사람만이 남은 공간은 우리가 그리던 길드 생태계가 아니었습니다. 문장학을 활용해 만든 시각 체계의 명분도 흐려졌습니다.

또한 입점 브랜드 결정이 늦어지며 브랜드 개별 로고가 제작되지 못한 채 오픈하게 되었습니다. 이후로도 입점 브랜드가 바뀌게 될 때마다 개별 로고를 제작한다는 것이 실무자 입장에서는 번거로운 일이 되어 우선순위에서 점점 밀리게 되었습니다. 상황이 이렇다 보니 한정판 제품 패키지는 물론이고, 화투 등의 굿즈 제작도 매우 제한적으로 진행되었습니다.

지금 돌아보아도 당초 우리가 함께 그렸던 모든 것들이 세상에 선보여졌다면 지금보다는 더 많은 사람에게 회자되고 사랑받는 브랜드가 되지 않았을까 하는 아쉬운 마음이 듭니다. 하지만 얻은 점도 분명 있습니다. 우리가 만들고자 하는 것과 유사한 결로 동작했던 특정 시대(WHEN)의 실체들을 현재로 끌어와 재해석할 경우 상상의 가지가 한층 풍성해질 수 있다는 것을 배웠으니까요.

'어디서(WHERE)?'로
콘셉트 만들기

내가 만들고 있는 브랜드가 특정한 장소와 밀접하게 관계 맺고 있다면 WHERE이라는 도구를 사용해볼 수 있습니다. 두 가지 대표적인 방법을 간략히 소개해드립니다.

지역성을 내세우기

우선 가장 많은 브랜드들이 즐겨 사용하는 방법은 '지역성'을 전면에 내세우는 것입니다. 아래 사례들을 들 수 있겠습니다.

- 바버(Barbour) : 영국의 헤리티지를 담은 아우터웨어
- HAY : 북유럽 특유의 간결하고 현대적인 디자인이 돋보이는 가구와 액세서리
- 메종키츠네(Maison Kitsuné) : 세련된 프랑스 감성과 일본적 디테일이 조화를 이룬 라이프스타일 브랜드
- 호시노야(Hoshinoya) : 일본 특유의 정갈한 미학과 환대를 현대적으로 재해석한 숙박 경험
- 모스콧(Moscot) : 세대를 잇는 뉴욕 감성을 담은 아이웨어
- 록시땅(L'Occitane) : 프랑스 프로방스의 천연 재료를 활용한 스킨케어와 바디케어 제품
- 산 펠레그리노(Sanpellegrino) : 이탈리아 산 펠레그

도대체 어떤 점이 영국, 북유럽, 일본, 프랑스의 지역성일까요? 한국, 서울, 혹은 성수동 특유의 색깔을 드러내려면 어떤 장치들이 필요할까요?

사람마다 머릿속에 떠올리는 그림이 아마도 다를 것입니다. 그렇기에 지역성을 콘셉트로 삼는다면 해당 지역에서 오랜 시간 동안 누적되어온 문화와 스타일 중 어떤 것을 '우리만의 에센스'로 추출할 것인지가 중요해집니다. 추출된 에센스들은 BSA 하위 구조의 요소들에 녹아들어 고객들이 충분히 느낄 수 있어야 합니다.

항구도시의 특성을 살린 '바버'

가령 영국의 헤리티지를 콘셉트로 하는 아우터웨어 브랜드 '바버(Barbour)'는 영국의 항구도시 사우스 쉴즈에서 1894년에 탄생했습니다.

최악의 북해 기후 속에서 일하는 어부와 농부들을 위해 존 바버(John Barbour)가 오일스킨 방수재킷을 발명한 것이 브랜드의 시작이었습니다.

'영국의 거친 날씨', '노동자의 몸 보호'라는 에센스로 지역성을 드러내며 바버는 아우터, 보일러 수트, 페인터 재킷

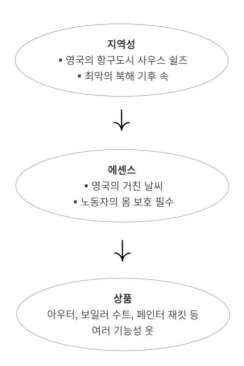

지역성
- 영국의 항구도시 사우스 쉴즈
- 최악의 북해 기후 속

↓

에센스
- 영국의 거친 날씨
- 노동자의 몸 보호 필수

↓

상품
아우터, 보일러 수트, 페인터 재킷 등
여러 기능성 옷

등 여러 기능성 옷을 선보입니다.

바버의 상징이라 할 수 있는 왁스 코튼은 에든버러에서 기차로 한 시간 정도 거리에 있는 공업 도시 던디에서 생산합니다. 1800년대 후반에 설립된 '핼리 스트븐슨'과 '브리티시 밀러레인'에서 전체 물량의 약 90%를 공급받습니다.

또한 재킷 안감에 주로 사용하는 타탄체크는 6대에

이어 스코틀랜드 전통의상인 킬트를 맞춤 생산하는 '킨록 앤더슨'과 협업해서 개발했습니다. 스코틀랜드 에어셔 지역에서 13세기 바버 가문의 기록을 발견해 고유의 타탄체크를 만들 수 있었습니다. '오직 영국 내 생산을 통한 지역 사회 공헌', '전통의 재해석'이라는 에센스까지 추가하며 바버는 1974년에 영국 왕실로부터 로열 워런트를 수여받기에 이릅니다.

물론 바버가 시작부터 영국의 헤리티지를 콘셉트로 명시했는지는 확실치 않습니다. 오히려 열악한 영국 기후에 대응하는 해결책의 관점에서 제품을 만들고, 세월이 흘러 후대의 브랜드 운영자들에 의해 콘셉트가 명시적으로 정리되었을 확률이 높습니다.

하지만 여기서 말씀드리고 싶었던 것은 바버가 언제 콘셉트를 명시했는지와는 별개로 초기부터 자신들의 에센스를 일관되게 유지하는 방향으로 실체를 만들어왔다는 사실입니다.

이 방식은 오늘날 우리가 '바버!' 하면 떠오르는 이미지를 구축하는 데 성공했으며, '영국의 헤리티지를 담은 아우터웨어'라는, 뒤늦게 정리되었을지도 모를 콘셉트 한 줄을 듣더라도 위화감이 들지 않게 만들었습니다. 만약 바버가 '영국 귀족 사회', '상류층 복식의 재해석'을 자신들의 지역성을 뒷받침하는 에센스로 삼았다면 확연히 다른 브랜드가 되었겠죠.

따라서 나의 브랜드가 특정 장소의 지역성을 콘셉트의 전면에 내세우고자 한다면 다음의 팁을 반드시 기억하세요.

- 해당 장소의 어떤 에센스를 활용할 것인지 초기부터 '엄밀히' 규정해야 한다.
- 100년이 훌쩍 넘는 역사를 자랑하는 브랜드 사례들, 오랜 시간 검증되어 누적되어온 그들의 행보를 미리 참고한다.

그 장소만의 이야기 발굴하기

다음 방법은 입점 장소와 관련된 '대표 이야기'를 전면에 내세우는 것입니다. 하나의 사업장을 기반으로 운영되는 브랜드의 콘셉트를 만들 때나 브랜드의 개별 지점 콘셉트를 만들 때 활용할 수 있습니다.

해당 장소의 히스토리를 최대한 조사한 뒤, 어떤 이야기가 대표성을 가질 수 있을지, 그리고 다른 이야기를 담을 그릇의 역할을 할 수 있을지 구분하는 것이 중요합니다. 사실 아직 구체적인 장소가 확정되지 않은 상황이라면, 이미 흥미로운 이야기가 갖추어진 곳을 발견해서 입점하는 것을 추천드립니다.

저 역시 집무실이라는 업무 공간 브랜드를 운영하며 지점별 콘셉트를 개발할 때 이 부분에 굉장히 공을 들였습니다.

'어떤 곳에 입점하면 사람들이 흥미로워할까? 주변에 자랑하며 이야기하고 싶을까?'

철저히 이 질문에 답할 수 있는 곳을 찾을 때까지 임장을 다녔습니다.

우리 브랜드가 표방하고 있는 콘셉트가 '집 근처(WHERE), 업무에 최적화된 어른들을 위한 근사한 동굴(WHAT)'이기에 장소 자체가 '근사함'을 배가하는 데 역할을 하면 좋겠다고 생각했습니다. 비록 일하러 오는 곳이지만 올 때마다 기분 좋은 전환감을 선물하고 싶었습니다.

실제로 정동 본점의 경우 덕수궁 바로 옆 성공회회관 1층에 자리를 잡았습니다. 이 건물은 1976년에 지어진 김중업 건축가의 작품이고, 서울미래 유산으로 지정되었습니다. 팔각형 건물 창으로 내다보이는 풍경 속에는 조선시대 귀족 자제들이 수학했던 국가 등록문화재 '양이재'와 서울 내 유일한 로마네스크 양식의 건축물인 '성공회 대성당'이 한번에 담겼습니다.

조선시대 양이재와 로마네스크 양식의 영국 성공회 대성당이 한눈에 보이는 정동 본점

지점 콘셉트를 위와 같이 정리한 뒤, 나머지 모든 이야기들은 BSA상에 '장소'와 관련된 요소로 정리해 고객들에게 빠짐없이 소개했습니다. 이후로도 이와 같은 방식으로 여러 지점들을 개발해 나갔죠.

- 전화국 기계실로 쓰이던 장소를 근사한 업무 공간으로 탈바꿈시킨 일산점
- 철도 하역장으로 쓰이던 장소를 기차역 플랫폼 모티브로 디자인한 왕십리점
- 한화 리조트 웰니스 센터로 쓰이던 숲속 정원을 업무 공간으로 탈바꿈시킨 제주점

이렇게 회자될 수 있는 이야기가 살아 숨 쉬는 곳으로 출점해 지점 콘셉트를 만들었습니다. 방문한 고객들이 이 이야기들을 체감할 수 있게 실체를 마련하는 것도 잊지 않았습니다. 이를 경험한 고객들은 직접 찍은 사진과 그들의 언어로 우리의 이야기를 주변에 퍼트렸습니다.

만약 이미 특정 장소에 자리 잡은 상황이라면, 비록 사후적이라 하더라도 해당 장소의 히스토리를 살펴볼 필요는 있습니다. 브랜드 콘셉트에 전면적으로 활용할 이야기를 발굴하기는 어렵더라도, BSA 하위 요소로 활용할 수 있는 이야기를 얻을 가능성이 있기 때문입니다.

하지만 역시나 장소의 대표 이야기를 콘셉트로 삼고자 한다면, 출점 단계에서부터 그러한 이야기를 머금고 있는 곳을 면밀히 살펴본 뒤 결정하시라고 말씀드리고 싶습니다.

조선시대 양이재와 로마네스크 양식의 영국 성공회
대성당이 한눈에 보이는 정동 본점 전경

전화국 기계실을 업무 공
간으로 바꾼 일산점

철도 하역장을 기차역 플
랫폼 모티브로 디자인한
왕십리점

리조트의 숲속 정원을 업
무 공간으로 바꾼 제주점

'무엇을(WHAT)?'로
콘셉트 만들기

내가 만드는 실체가 본질적으로 어떤 속성을 가지고 있는지 콘셉트에서 명확히 규정하고 싶다면 WHAT과 HOW를 활용해볼 수 있습니다.

속성에 대한 직접적인 규정은 이후 제품과 서비스의 개발 방향을 분명하게 제시해준다는 장점이 있습니다. 이와 더불어 우리가 어떤 존재인지 고객이 비교적 쉽게 이해할 수 있습니다. 이러한 이유로 다수의 브랜드에서 WHAT과 HOW를 활용한 콘셉트를 찾아볼 수 있습니다.

수식어 + 명사 = WHAT

먼저 WHAT의 경우 '수식어'의 선정에 심혈을 기울일 필요가 있습니다. 보통 WHAT을 활용하여 만든 콘셉트는 '수식어(M) + 명사(N)'의 형태가 일반적인데요. 예시 브랜드는 다음과 같습니다.

- 브레빌(Breville) : 우리는 가정에서도 전문적인 요리를 즐길 수 있는(M) 주방 가전 제품(N)을 제공합니다.
- 조셉조셉(Joseph Joseph) : 우리는 독창적이고 기능적인(M) 주방용품/생활용품(N)을 제공합니다.
- 르 크루제(Le Creuset) : 우리는 주방에서 오래도록 사용할 수 있는 프리미엄(M) 주방용품(N)을 제공합

니다.

- YETI : 우리는 최고의 성능을 제공하는(M) 아웃도어 쿨러와 액세서리(N)를 제공합니다.
- 모노클(Monocle) : 정치, 비즈니스, 문화, 디자인, 여행 등을 아우르는 고품격 라이프스타일(M) 콘텐츠(N)
- 발뮤다(Balmuda) : 미니멀한 디자인의 고성능(M) 가전(N)
- 츠타야(TSUTAYA) : 책, 영화, 음악, 그리고 라이프스타일 상품을 아우르는 독특한(M) 문화 공간(N)
- 에이스호텔(Ace Hotel) : 현지 문화와 창의적 감각을 반영한 독특하고 세련된(M) 숙박 경험(N)
- 브롬톤(Brompton) : 도시 생활에 최적화된 혁신적이고 컴팩트한 접이식(M) 자전거(N)

수식어를 뽑아주는 에센스

바로 이 수식어를 정할 때 '에센스(Essence)'라는 것이 중요한 역할을 합니다.

저는 콘셉트가 한순간 딱 떠오르는 유레카 류의 그 무엇이 아니라고 생각합니다. 앞으로 어떤 일들을 해나가야겠다는 다면적이고 심층적인 생각들이 다져졌을 때, 비로소 그것들을 하나로 묶어주는 '정제된 언어'에 가깝다고 생각합니다.

콘셉트를 고민하는 과정에서 머릿속을 떠다니던 수많

은 생각들 가운데 핵심이 되는 단어 혹은 단어의 조합을, 저는 에센스라고 부릅니다. 하나의 브랜드에서 주요하게 연상되는, 말 그대로 브랜드의 정수(精髓)에 해당하죠.

에센스는 콘셉트를 부연하는 한편, 두세 문장의 서사로 엮이어 파사드를 구성합니다(파사드에 대해서는 다음 챕터에서 상세히 설명드리겠습니다).

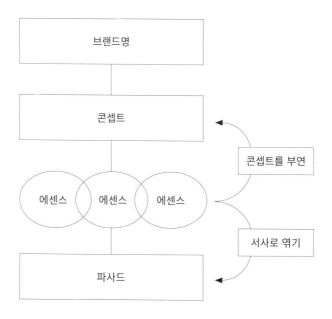

에센스를 유사 범주로 묶어보면 수식어의 단서가 보입니다.

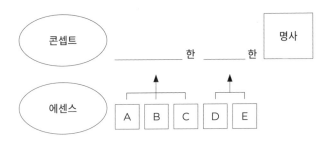

예를 들어 브랜드 집무실의 경우 초기 기획 과정에서 아래 에센스를 추출할 수 있었고, 유사 범주에 속하는 것들을 묶어 수식어로 정리해나갔습니다.

		수식어 A	수식어 B	명사
콘셉트	집 근처 (WHERE)	업무에 최적화된	어른들을 위한 근사한	동굴
	↑	↑	↑	
에센스	일하는 방식의 변화	어디서든 일할 수 있는 일이 잘되는	성취와 성공의 분위기 감도 높은 공간 몰입과 느슨한 연결	

‘동굴’이라는 표현의 경우 '업무 공간(N)'이라고 부르는 것이 정확하나, 약간의 은유를 가미해서 원하는 심상을 담고 싶었습니다.

같은 주방용품을 만들더라도 조셉조셉과 르 크루제가 스스로를 규정하는 수식어는 분명하게 구분됩니다.

각 수식어가 도출되기까지 다음과 같은 수많은 질문이 각자의 관점을 반영해 내부에서 오갔을 것입니다. 질문에 대한 누적된 생각들이 에센스로 정리되었을 것이고, 응축된 수식어로까지 발전했을 것입니다.

수식어는 비록 몇 개의 단어로 구성되지만 이후 브랜드의 방향성에 총체적인 영향을 미치는 구심점 역할을 합니다.

본질적으로 어떤 차별적 속성을 가진 브랜드로 키워갈 것인지 고민 중이신 분이라면 우리를 대변할 수식어를 먼저 찾아보시길 권합니다.

조셉조셉(Joseph Joseph)

우리는 독창적이고 기능적인(M)
주방용품/생활용품(N)을 제공합니다.

수식어를 도출하기 위해 던졌을 질문들

① 주방에서 사용하는 도구들은 왜 이렇게 단조로울까?

② 단조로움이 삶을 지루하게 만들고 있지 않은가?

③ 재미와 활력을 불어넣을 수 있는 방법은 무엇일까?

④ 디자인이 역할을 할 수 있지 않을까?

⑤ 단순히 독특한 디자인이 우리가 원하는 목표를 이룰 수 있나?

⑥ 기존 제품의 타성을 극복하는 기능성이 가미된다면 가능하지
않을까?

르 크루제(Le Creuset)

우리는 주방에서 오래도록 사용할 수 있는
프리미엄(M) 주방용품(N)을 제공합니다.

수식어를 도출하기 위해 던졌을 질문들

① 주방 도구의 본질은 무엇인가?

② 요리를 잘하게 만들어줘야 하는 것 아닐까?

③ 요리를 잘하게 만드는 데 지금 도구들의 한계는 무엇인가?

④ 본연적 기능을 오래도록 유지할 내구성을 갖추고 있나?

⑤ 어떤 점이 내구성에 악영향을 미치나?

⑥ 해결할 수 있는 기술적 방법은 무엇인가?

⑦ 주방 도구의 등급을 결정 짓는 핵심 요소는 무엇인가?

⑧ 우리는 어디에 집중해야 하나?

WHERE + WHAT 사례 : 집무실

2020년, 우리는 이전에는 경험하지 못한 전 지구적 상황과 마주했습니다. 코로나는 순식간에 우리의 일상 곳곳을 전과는 다른 모습으로 바꾸어놓았습니다. 특히 가장 눈에 띄게 변한 것은 '일하는 방식'이었습니다.

자의 반 타의 반으로 기업들은 전면적인 재택근무를 시행했습니다. 하루아침에 집에서 일하게 된 사람들은 혼란스러워했습니다. 가족들과 함께하는 시간이 늘어난 것이 한편으로는 좋은 면도 있지만, 집에서 일을 한다는 것이 쉬운 일은 아니었던 것이죠.

집 근처의 카페나 독서실, 소호 사무실을 가는 것이 최적의 대안은 아닌 것으로 보였습니다. 그렇다고 회사에서 지원해주는 중심업무지구의 공유 오피스까지 가자니 왔다 갔다 하는 두 시간이 너무 소모적이었습니다(한국은 평균 통근 시간이 58분으로 OECD 가입국 중 가장 깁니다).

변화된 환경 속에 사업 기회가 있다고 판단했습니다.

- 당분간 꽤 오랜 기간 사람들은 집에서 근무를 하게 될 것 같다.
- 코로나가 끝나더라도 사람들은 출퇴근으로부터 해방된 노동의 효용을 알게 될 것이기에 재택근무를 본사 출근과 유동적으로 섞어 활용할 것이다.

- 대다수의 사람들은 집에서 일하는 것이 쉽지 않다. 주거지 근처에 쾌적하게 일할 수 있는 업무 공간 브랜드를 만들어준다면 좋지 않을까?
- 직원 입장에서는 고단한 출퇴근 없이 회사가 마련해준 집 근처 업무 공간에서 일할 수 있게 되면 업무 효율과 만족도가 높아질 것이다.
- 회사 입장에서도 직원들이 정해진 공간에서 일해야 관리 차원에서 효율적일 것이다.

'사업 기회'로부터 도출된 '사업 전략'이 곧 브랜드 콘셉트로 이어졌습니다.

- 콘셉트: 집 근처(WHERE), 업무에 최적화된 어른들을 위한 근사한 동굴(WHAT)

저희가 품었던 수많은 생각과 사업 전략 중 가장 중요한 것은 '브랜드의 입지(WHERE)'였습니다. 삼성, LG와 같은 굴지의 기업들이 사용할 수 있는 업무 공간 브랜드가 '주거지'로 들어간다는 것이 무엇보다 중요한 저희만의 '날 선' 요소였으니까요.

입지 다음으로 중요한 요소가 '실체로서의 업무 공간

(WHAT)'이었습니다. 어떤 것들이 남들과 다르기에 우리 스스로를 '업무에 최적화된 어른들을 위한 근사한 동굴'이라고 정의할 수 있는지 BSA 하위 구조에서 풀어내야 했습니다.

콘셉트를 이루는 두 가지 핵심 요소에 대해 오른쪽과 같은 질문을 던져보았습니다. 그리고 오른쪽 질문에 대한 답은 BSA 하위 요소들을 탄탄히 채워나갔습니다.

운 좋게도 집무실의 콘셉트는 '주거지에 공유 오피스가 생겼다고?'라는 호기심을 불러일으키는 것을 넘어 매력적인 주장으로 사람들에게 받아들여졌습니다. 각종 매체의 인터뷰가 이어졌고, 네이버 메인에도 수차례 오르며 사람들의 큰 호응을 받았습니다. 출퇴근하느라 도로 위에서 허송세월을 보내는 것이 너무나 비효율적이라고 여기는 분들이 상당히 많았기 때문이라고 생각합니다. 개인적으로는 콘셉트는 '차별화'를 넘어 다수의 '공감'을 불러일으키는 이야기일 때 한 차원 높은 파급력을 가지게 된다는 사실을 경험한 사례이기도 합니다.

여담이지만 콘셉트가 한두 가지 날 선 요소로 뚜렷이 정의되면 우리를 널리 알리기 위해 사용하는 방법을 고민할 때에도 꽤나 도움이 됩니다. 집무실의 경우 콘셉트의 제1요소 '입지(WHERE)'는 사회에 던지는 우리의 선언이기도 했습니다.

'우리는 매일 복잡한 중심 업무 지구로 출퇴근하는 것이 너무 비효율적이라고 생각합니다. 일주일에 두세 번 정도는 집 가까운 곳에서 일하는 것이 더 좋지 않겠습니까? 필요할 때

콘셉트를 실체로 만들기 위해 던진 질문들

집 근처 (WHERE)	- 주거지에 업무 공간 브랜드가 들어갈 만한 컨디션의 건물이 존재하는가? - 해당 건물이 갖추어야 할 최소한의 요건은 무엇인가? - 매일 오고 싶은, 주변에 자랑할 만한 입지는 어떤 조건을 갖추어야 하는가? - 입점하는 것만으로도 화제가 될 만한 이야기를 보유하고 있는 입지는 어디인가? - 다음 출점지를 사람들이 기대하게 만들 수 있는 장치는 무엇인가?
업무에 최적화된 어른들을 위한 근사한 동굴 (WHAT)	- 우리를 즐겨 찾을 어른들은 어떤 취향을 가진 이들인가? - 서비스 경험 과정에서 어떤 장치들을 통해 근사함이 느껴지게 만들 것인가? - 업무 좌석은 어떤 형태여야 하는가? 남들과 구분되는 우리만의 특징은 무엇인가? - 일을 잘하게 만드는 환경은 무엇인가? 오감의 측면에서 우리가 제공할 수 있는 것은 무엇인가? - 일하기 위해 모인 사람들 간에 긍정적 관계를 만들 수 있는 방법은 무엇인가?

본사에 모여서 협업하면 되고요. 그래서 우리는 주거지에 오피스 브랜드를 만들었습니다.'라는 메시지가 입지에 담겨 있습니다. 이 같은 주장에 관심을 기울일 법하고 널리 퍼트려줄 수 있는 분들을 찾아 끊임없이 이벤트를 추진해 나갔죠. 새로운 지점이 열리면 '시사회'라는 이름으로 사회/문화면 기자분들을 초대해 우리의 생각과 제품을 설명드렸습니다.

지금 우리 사회가 어떻게 변화해가고 있는가를 누구보다 기민하게 포착하는 분들에게 '눈으로 보이고 손으로 만져지는' 실물 공간을 보여드리는 것은 매우 중요했습니다. 일하는 방식에 대해 고민이 큰 인사/조직 문화 담당자분들도 중요한 초대 대상이었습니다. 구성원들이 어떻게 일하는 것이 더 좋은가를 항상 고민하는 분들이기 때문입니다.

그분들과 각종 형식을 빌려 만나면서 얻게 된 후기는 제품에 반영해 나갔습니다. 사회 현상을 알기 쉽게 해설하거나, 인사 조직 문화에 대한 글을 브런치에 기고하는 블로거 분들과의 접점을 넓혀가는 것도 잊지 않았습니다.

제2요소 '근사한 업무 공간(WHAT)'을 알리기 위해 만난 분들은 조금 달랐습니다. 일반인들에게 좋은 공간을 소개하는 인플루언서분들이 주요 대상이었습니다. 어떤 측면에서 집무실이 매력적인 공간인지 실제로 공간을 보여드리는 것과는 별개로, 미리 준비해둔 BSA 하위 요소들을 차곡차곡 소개해 드렸습니다. 조금 더 세부적으로는 음악, 조명, 향 관련 인플루언서 분들과의 협업도 이어갔습니다. 업무 공간 브랜드 하나를 만듦에 있어 어떤 수준으로 오감을 쪼개어 고민하고 새로운 시도를 하는지 알리는 것이 필요했기 때문입니다.

　　브랜드 집무실을 만들고 운영하며 보낸 4년의 시간은 제삼자의 관점에서 조언하고 결과물을 만들어내던 에이전시 시기의 그것과는 비교할 수 없을 정도로 강렬하고 밀도가 높습니다. 그만큼 여러분에게 드릴 수 있는 이야기의 깊이감과 디테일이 다르다고 자부합니다.

'어떻게(HOW)?'로 콘셉트 만들기

다음으로 HOW를 활용한 콘셉트의 경우 '과정(A)'과 '결과(B)'를 연결해서 보여주는 방식이 일반적입니다. 어떻게 만들기에(HOW) 어떻게 다른 경험을 할 수 있는지(HOW) 한 줄의 문장으로 규정하는 것이죠.

WHAT의 수식어가 브랜드의 목적, 지향점을 비교적 '추상적으로' 드러낸다고 하면, HOW의 과정(A)은 '구체적인' 도구나 기술, 제조 방식을 강조합니다.

이후 브랜드 커뮤니케이션 과정에서도 이 구체적인 과정을 '자주, 많이, 상세히' 고객들에게 알려주려 노력합니다. 대표적으로 아래 사례들을 들 수 있습니다.

- USM : 우리는 모듈러 시스템을 통해(A) 맞춤형 가구 솔루션(B)을 제공합니다.
- 프라이탁(FREITAG) : 우리는 버려진 자원을 활용한 창의적 업사이클링을 통해(A) 독특한 제품(B)을 만듭

니다.

- 레고(LEGO) : 정교하게 설계된 블록으로(A) 창의적인 놀이 경험(B)을 제공합니다.
- 하리오(HARIO) : 정교한 유리 제조 기술로(A) 뛰어난 커피 도구(B)를 제공합니다.
- 이케아(IKEA) : DIY 조립 방식과 평면 포장을 통해(A) 합리적인 가격의 가구와 생활용품(B)을 제공합니다.
- 나노리프(Nanoleaf) : 모듈형 제조를 통해(A) 사용자가 직접 조립하고 디자인할 수 있는 조명(B)을 제공합니다.

이처럼 HOW라는 도구를 활용해 콘셉트를 만들고자 한다면 우선 나의 브랜드로 인해 고객들이 어떤 경험(B)을 할 수 있게 만들 것인지 정의해보는 것이 좋습니다.

그런 뒤에 그 경험을 가능하게 만드는 방법(A)을 가설적으로 적어보는 것이죠. 무수히 많은 연구와 시도의 과정을 거치며 방법(A)은 수정될 수 있습니다.

가령 앞에서 보여드린 사례 중 'USM'의 콘셉트가 탄생하는 전후 과정을 제 마음대로 상상해보면 다음과 같습니다.

USM의 콘셉트가 탄생하는 과정

경험(B) + 방법(A) 설계 과정

① 인생을 살다 보면 여러 변화를 겪게 된다.

② 변화가 생길 때마다 가구를 완전히 새롭게 교체하는 것은 소모적이지 않은가?

③ 변화에 맞춰 유연하게 변형이 가능한 가구 솔루션을 만들 수 있지 않을까?(B)

④ 가구의 최소 단위를 만들고, 이 최소 단위를 조합하는 방식을 시도해보면 어떨까?

⑤ 방식 1, 방식 2, 방식 3 등 테스트한다.

⑥ 스틸 튜브, 볼, 패널이라는 3요소를 조합해서 최소 단위를 구성하는 방식이 기능적으로나 미학적으로나 최적인 것 같다. 이를 모듈 시스템(USM Haller System)이라고 명명하자(A).

한 줄 콘셉트

우리는 모듈러 시스템을 통해(A)
맞춤형 가구 솔루션(B)을 제공합니다.

한편 최근에 알게 된 사례 중에 HOW의 관점에서 흥미로웠던 'DAWN'이라는 카페 브랜드를 소개해드리고 싶습니다.

DAWN의 설립자 요시후지 켄타로(Yoshifuji Kentaro)는 초등학교 5학년부터 중학교 2학년까지 3년 반 동안 학교를 가지 않고 히키코모리(은둔형 외톨이)로 지냈습니다. 이후 공업고등학교에 진학하며 특수전동휠체어를 개발, 일본 과학경연대회(JSEC)에서 문부과학대신상을 수상하고, 세계 최대 과학경연대회인 인텔 ISEF에서 Grand Award 3위를 차지했습니다.

그는 자신이 겪은 은둔의 시간을 바탕으로 '인간의 고독을 해소하는 것'을 인생의 사명으로 삼았습니다. 와세다대학교에서 2009년부터 고독 해소를 목적으로 한 아바타 로봇의 연구에 전념하던 그는 마침내 2018년 특별한 카페 'DAWN(ver.ß)'를 선보이게 됩니다. 당시만 해도 약 2주간 운영되는 베타 버전이었습니다.

아바타 로봇 '오리히메-D(OriHime-D)'가 맞이해주는(A) 휴머니즘이 깃든 카페 경험(B)

카페 DAWN의 종업원은 사람이 아닌 로봇입니다. 무인 로봇으로 운영되는 여느 매장처럼 로봇이 손님에게로 다가가 주문을 받고 음식을 서빙합니다.

하지만 이 로봇에는 인공지능이 내재되어 있지 않습니다. 이들을 조종하는 파일럿은 거동이 불편하거나 불가능한 사람들, 또는 마음을 다쳐 외부 세계로 나아가지 못하는 사람들입니다. 파일럿은 로봇의 이마에 부착된 카메라를 통해 손님을 보고, 단말기를 통해 로봇을 움직이며, 마이크와 스피커를 통해 소통합니다. 거동이 아예 불가능한 파일럿의 경우 눈동자의 움직임을 인식하는 센서를 통해 단말기를 조작합니다.

세상과 단절되었던 이들이 기술을 통해 세상과 다시 이어지는 순간입니다. 단순히 효율성을 추구해 도입된 로봇과 달리 DAWN의 로봇은 '인간적인' 경험을 가능케 합니다. 창업자는 파일럿에게 로봇이라는 도구를 제공함으로써 세상과 유리되는 기분을 완화해주었고, 이 과정을 지켜보고 직접 경험하는 이들에게도 고독을 잠시나마 잊게 만들었습니다.

내가 어떠한 과정(A)을 통해 가치(B)를 창출하되 그 과정(A)에 개입된 사람들마저도 가치(B)의 수혜로부터 소외되지 않게 만든 의미있는 사례라 소개해드리고 싶었습니다.

일본 카페 브랜드 'DAWN'의 매장 풍경.
로봇이 주문을 받고 음식을 서빙하고 있습니다.

동서식품의 맥심(Maxim)은 한국인들에게 가장 오랫동안 사랑받아온 커피 브랜드 중 하나입니다. 2018년 겨울, 맥심 실무팀은 커피 '원두' 제품을 새롭게 소비자들에게 선보이기 위해 패키지까지 개발해놓은 상태에서 저를 찾아오셨습니다.

업무의 형태만 놓고 보자면 '웹사이트 기획 및 개발'이었습니다. 하지만 '어떻게 이 제품을 소개하고 커뮤니케이션 해나갈 것인가?'가 더 근원적인 과제라는 생각이 들었습니다.

'맥심은 사람들에게 인스턴트커피의 대명사이지 않을까? 맥심이라는 브랜드가 커피 원두 제품을 선보인다고 했을 때 사람들의 반응은 어떨까? 결국 선입견을 극복하기 어렵지 않을까?'

실무팀분들이 가장 우려하시는 점이었습니다. 소비자 관점에서 보면 일견 이해가 가는 걱정이었습니다. 수많은 커피 원두 브랜드들 속에서 경쟁을 하기에는 맥심이라는 브랜드가 기존에 가지고 있던 공고한 인식이 부정적으로 작용할 수도 있겠다 싶었습니다. 그렇다고 이미 강력한 브랜드 자산을 가진 맥심을 포기하고 새로운 브랜드로 출시한다는 결정 역시 내부적으로 선뜻 받아들이기 어려웠을 것입니다.

저는 프로젝트가 시작된 뒤, 동서식품이 걸어온 길을 살펴보며 새로운 사실들을 알 수 있었습니다. 그중 가장 인상적이었던 점은 국내에서 유통되는 전체 커피 원두의 40%에 달하는 물량을 50년 동안 생산해왔다는 사실이었습니다. 이름만 대면 알 수 있는 굴지의 회사들에게 동서식품은 꽤 오랜 시간 동안 B2B로 원두 제품을 공급해오고 있었습니다. 그동안 쌓은 경험과 노하우는 이루 말할 수 없을 정도였죠.

이 같은 사실들을 '어떻게(HOW)' 전달할 것인가가 핵심이라는 생각이 들었습니다.

우리가 가진 점들을 쏟아내듯이 전달하거나, 지나치게 진지하면 오히려 역효과가 날 것 같았습니다. 그렇다고 여느 원두 브랜드들이 하듯이 커피 원산지의 사진들로 도배하며, 원두 본연의 우수성과 오리지널리티만을 강조하고 싶지도 않았습니다. 앞서 언급한 브랜드 맥심이 가지는 이미지와의 연결성도 자연스럽지는 않다고 생각했고요.

커피 원두별로 해당 원두와 어울리는 라이프스타일을 도슨트가 대화하듯(HOW) 알려주자.

도슨트는 하나의 작품을 설명할 때 감상하는 이들이 다각적인 관점을 가질 수 있게 돕습니다. 관점이 더해질수록 감각은 증폭됩니다. 출시를 앞둔 8종의 커피 원두는 저마다의 특색과 이야기를 가지고 있었습니다.

개별 원두의 테이스팅 노트와 레시피는 물론이고, 어떤 생각과 마음으로 이 원두를 선별하고 로스팅했는지, 이 원두를 좋아할 사람들이 즐길 법한 음악, 디자인, 예술작품, 건축물,

가구, 여행지는 무엇인지 세심하게 대화하듯이 전달하는 방식을 취했습니다. 이 방식 속에는 오랜 시간 쌓아온 동서식품 만의 경험과 이야기가 녹아들 것이기에 다른 이들이 주는 경험과는 구별되는 그 무엇을 선물할 수 있다고 생각했습니다. 커피를 즐기는 이들의 감각을 증폭시키는 우리만의 방식을 제안하는 것이 목표였습니다. 도슨트의 말을 오롯이 담은 정갈한 브로슈어 느낌으로 웹사이트가 디자인되었습니다.

동일한 실체라고 하더라도 그것을 어떻게(HOW) 소통하는지에 따라 고객들의 경험이 달라질 수 있다는 사실을 체감한 프로젝트입니다.

엄밀히 말하면 이 사례는 상위 브랜드 콘셉트를 만든 작업이라기보다는 커뮤니케이션 콘셉트를 만든 것에 가깝습니다. 판매될 제품이 이미 나온 상태에서 고객들과 어떻게 소통할 것인가를 '한 줄의 언어'로 정리하고 BSA 하위 요소를 개발한 것이기 때문입니다. 많은 것들이 고정되어 있어서 단기간에 변화하는 것이 쉽지 않은 상황이라면 한 번쯤 참고해볼 수 있는 접근법이라고 생각합니다.

Music

Design

Interiors

Design

Culture

Culture

Travel

About project

MAXIM DOCENT
Dongseo Food is Korea No. 1 coffee company that has treated 40% of total coffee beans consumed in Korea for
60 years. The company's flagship brand, Maxim, is the number one player in the instant coffee market.
Dongseo Foods plans to launch a brand of coffee beans for consumers in the Maxim brand. Maxim, who has been
recognized as an instant coffee brand, needed a little different communication strategy in launching coffee beans.
Enspire has proposed a different strategy than the way other competitors are doing.
For example, Enspire suggested a way to naturally convey the thoughts and stories of each coffee bean product
as the docent of the museum kindly and easily explained the art work.
Under the slogan 'Reframe your sense of coffee,' Enspire developed an emotional, story-filled brand website.

Web / Mobile

Branding

LIGHT BLOSSOM

LIGHT BALANCE

MEDIUM BALANCE

FULL BALANCE

맥심 도스트 홈페이지

'왜(WHY)?'로
콘셉트 만들기

끝으로, 콘셉트를 만듦에 있어 WHY라는 도구를 활용하는 방법에 대해 말씀드리고자 합니다. 우리는 WHY가 모든 브랜드에 공통으로 적용되는 중요한 요소라는 사실을 알고 있습니다. 어떤 브랜드라도 '왜 존재하는지' 고객에게 인정받지 못할 경우 사라지거나 서서히 도태될 수밖에 없기 때문입니다. 따라서 대부분의 브랜드는 저마다의 WHY를 가지고 있습니다. 하지만 아래 모든 질문들에 명확히 답을 하며, 자신들의 신념과 철학을 '콘셉트 전면에 내세우는' 브랜드는 흔치 않습니다.

"우리는 이 일을 왜 하는가? 고객들이 공명할 만한 가치인가? 동의를 넘어 무브먼트로 번질 만큼의 파급력을 가졌나? 우리가 판매하는 것은 제품을 넘어서 '생각과 신념'이라고 할 수 있나? 경험적 실체는 우리의 비전을 뒷받침할 만큼 탄탄한가?"

사실 제가 WHY형 컨셉으로 분류한 다음 브랜드들의 경우 자의적으로 해석된 측면이 있습니다. '파타고니아(Patagonia)'와 '에버레인(Everlane)'은 그렇다 치더라도 무인양품의 경우 문장 형식이 '수식어+명사'이기에 WHAT형 콘셉트로 볼 여지가 충분합니다.

다만 저는 '무인양품(MUJI)'이 단순히 어떠한 성질의(수식어) 제품을 판매하는 브랜드라기보다는 자신들의 '생각'을 주장하고, 이에 '동의'하는 사람들의 저변을 확대해온 브랜드라고 생각합니다. '이것으로 충분하지 않나요?'라는 화두를 생활 속 곳곳에서 오랜 기간 던져왔다고 보기 때문입니다.

- 파타고니아 : 환경 위기에 대한 해결책을 찾기 위해 사업을 활용한다.
- 에버레인 : 패션 산업을 지속 가능하게 변화시키다 (Cleaner Fashion).
- 무인양품 : '이것으로 충분한' 양질의 제품을 만든다.

이처럼 WHY형 컨셉은 육하원칙 다른 도구들과 달리 특정 유형의 문장으로 일반화하기 어렵습니다. 브랜드를 만드는 사람들의 '생각'이 곧 콘셉트입니다. 문장화된 '생각 그 자체'보다 이후 브랜드가 보이는 '행동과 태도'가 본질에 가깝습니다.

WHY를 전면에 내세운 콘셉트를 만들고 싶은 분들이라면 다음의 세 가지 정도를 유념하시면 좋을 거 같습니다.

차별화되는 제품력

첫째, 차별화되는 양질의 제품력은 기본입니다. 그럴듯한 생각과 주장만으로는 영속할 수 없습니다. 이 분야의 대표 주자라 할 수 있는 파타고니아만 하더라도 창업자 이본 쉬나드 자신이 최고 수준의 등반가였으며 누구보다도 고객이 필요로 하는 것을 잘 이해하고 있었습니다.

파타고니아는 기존 의류들과 달리 땀에 젖어도 잘 마

르면서 보온성이 유지되는 소재를 북대서양 어부들이 입던 합성 파일 스웨터(Synthetic Pile Sweater)에서 영감을 받아 개발했습니다. 이에 그치지 않고 '말덴 밀스(Malden Mills, 현 폴라텍)'와의 협업을 통해 땀 건조와 보온성, 경량성까지 잡은 소재 신칠라(Synchilla) 개발에 성공합니다.

이 신칠라는 현재도 파타고니아의 대표 제품들에서 사용되는 소재입니다. 누군가의 마음을 움직이는 주장은 업계에 신선한 파장을 일으킬 만큼의 실체와 함께할 때 빛을 발합니다.

신선한 주장을 던져라

둘째, 주장 자체가 신선한지 되돌아볼 필요가 있습니다. 지금까지 누구도 던지지 않았던 의미있는 주장이라면 가장 이상적일 것입니다. 코로나가 창궐하기 시작한 시점에 '일하는 방식의 변화'에 대한 화두를 던졌기에 집무실은 신생 브랜드임에도 불구하고 많은 분들이 귀 기울여주셨습니다. 이전에 듣지 못했던, '시대를 반영한' 목소리였기 때문입니다.

'자연 보호'라는 거대 담론은 신선한 주장이 될 수 없습니다. 수십 년간 행동으로 보여준 앞선 이들이 자리 잡고 있기 때문입니다. 내가 주장하고픈바가 그럼에도 불구하고 자연 보호라면 WHO, WHEN, WHERE, WHAT, HOW를 활용해서 콘셉트 한 줄을 세워보는 것을 권합니다.

자연 중에서도 무엇을 보호하고자 하는지, 어떤 순간에

주목하는지, 궁극적으로 어떤 방식으로 보호하고자 하는지 구체적으로 좁힐수록 조금은 다른 주장이 될 것입니다. 그런 의미에서, 50년 넘게 일관된 주장을 해온 파타고니아가 2022년 9월, 사실상 창업자가 회사의 소유권을 포기하고 모든 이익을 환경 보호에 사용하도록 지배 구조를 변경하며 내세운 문장은 시사하는 바가 큽니다.

'Earth is now our only shareholder.'

여전히 그들은 신선한 주장을 하고 있구나 하고 새삼 감탄하게 됩니다.

행동의 로드맵을 세워라

셋째, 행동의 로드맵이 필요합니다. 신념을 위해서라면 이익을 포기하고서라도 행할 필요가 있는 것들을 계획적으로 열거할 필요가 있습니다.

WHY형 컨셉을 추구하는 브랜드에게는 행동이 곧 메세지입니다. 'TOMS'의 'One for One'은 강력한 메시지였으나 다채롭지 못했습니다. 새로울 것 없는 행보가 지속되면 식상함이 피어납니다.

파타고니아의 오랜 기간 이어진 전방위적 행동은 그들이 왜 WHY형 컨셉의 대명사인지 알게 해줍니다. 이미 1996년에 100% 유기농 목화(organic virgin cotton)에서 얻은 면을 사용해 토질 저하를 최소화하는가 하면, 리크래프티드

(Recrafted) 라인을 통해 버려진 의류를 적극 활용합니다. 원 웨어(Worn Wear) 프로그램을 통해 중고 의류 거래를 장려하는 한편 과도한 소비를 경계한 나머지 'Don't Buy This Jacket'이라는 전대미문의 광고를 내보내며 논란의 중심에 섭니다. 2008년 글로벌 금융 위기 이후 월가에 유행처럼 번진 파타고니아 단체복 구매에 제동을 걸며, 환경 보호에 매출 1% 이상을 기부하는 기업(B Corporation 인증 기업)에만 단체복을 판매하겠다는 입장을 밝힙니다. 환경 보호가 사명인 브랜드 입장에서 월가의 과시용 옷으로 자신들의 제품이 전락하는 것을 참을 수 없었던 것이죠.

앞서 언급했듯이 2022년에는 전체 주식 중 의결권 없는 98%를 환경 관련 비영리 재단인 '홀드패스트 콜렉티브(Holdfast Collective)'에 넘기고, 나머지 의결권 있는 2%는 '파타고니아 퍼포스 트러스트(Patagonia Purpose Trust)'에 넘기며 사실상 창업자가 회사의 소유권을 포기하고 회사의 모든 이익이 환경 보호에 쓰이도록 지배 구조를 바꿉니다.

이와 같은 일련의 행동들은 환경 보호라는 선언적 주장이 공허하지 않게 만들어줍니다. 내가 만들 브랜드가 '존재하는 이유'를 콘셉트로 삼고 싶다면, 그 존재 이유를 증명해줄 행동들을 다방면에 걸쳐 구체적으로 그려볼 필요가 있습니다.

'존재 이유, 공명할 만한 가치, 동의를 넘어 무브먼트, 생각과 신념⋯.'

왠지 모르게 심각해 보이는 단어들로 인해 WHY를 이용해 콘셉트를 만드는 것이 다소 부담스러워진 분도 있을 것 같습니다. 이런 부담감과는 별개로 나의 신념을 그 어떤 이유에도 불구하고 오랜 기간 관철해 나간다는 것은 분명 쉬운 일이 아닙니다. 어렵고 부담스럽게 느껴질수록 작지만 유의미한 생각에서 출발해보는 것이 방법일 수 있습니다.

초점을 어디에 맞출 것인가

이상으로 육하원칙이라는 도구가 콘셉트를 만들 때 어떻게 활용될 수 있는지 말씀드렸습니다. 여기서 저는 다시 한 번 육하원칙이 '도구'라는 점을 강조하고 싶습니다. 이 도구는 콘셉트를 '만들고 싶을 때' 사용하는 도구이지, 시장의 기존 브랜드를 '분석하기 위해' 꺼내 든 도구가 아닙니다. 멍하니 먼산을 바라보며, 혹은 종이에 '하나만 걸려라!'는 식으로 무작정 콘셉트를 쓰고 지우기를 반복하기보다는 여섯 가지 육하원칙 도구를 돌려가며 사고의 초점을 맞춰보는 방법을 제안하고 싶었습니다.

예를 들어 록시땅의 경우 앞선 내용에서 저는 '프로방스 지방'에 방점을 두어 WHERE로 분류했지만, 누군가가 보기에는 '천연 재료'에 방점을 찍을 수도 있는 것이죠. 이 경우 WHAT이 될 겁니다.

- WHERE : 프랑스 프로방스의 천연 재료를 활용한

스킨케어와 바디케어 제품

▪ WHAT : 프랑스 프로방스의 천연 재료를 활용한 스킨케어와 바디케어 제품

여기서 중요한 것은 내가 록시땅을 '만드는' 사람이라고 가정했을 때 '어떤 형태로 콘셉트를 정할 것인가' 입니다.

WHERE 형태의 콘셉트로 규정할 경우, 프랑스 프로방스 지방과 관련된 이야기가 BSA 하위 구조에서 중심 역할을 할 것입니다. 해당 지역의 에센스를 추출하고, 고객들이 이를 느낄 수 있게 만드는 각종 장치들을 마련하는 데 노력을 기울일 것입니다.

국내 사례로 치면, 이니스프리가 브랜드 초창기에 '제주'라는 지역의 이미지를 강조했던 것을 떠올릴 수 있습니다. 만약 WHAT 형태의 컨셉으로 규정할 경우 프로방스산(産) 천연 재료의 '특성'을 강조하는 활동들이 이어질 것입니다. 이니스프리가 2023년에 실시한 리브랜딩 이후의 행보에 가까운 모습일 것입니다. '제주'라는 지역의 이미지는 상대적으로 대폭 줄어들게 됩니다.

도구는 도구일 뿐입니다. 여러분들이 브랜드의 방향성을 잡아가는데 이 도구가 도움이 되면 좋겠습니다.

STEP 3.

BSA로
이야기
디테일 설계하기

이번 장에서는 한 줄의 콘셉트를 뒷받침하는 BSA의 나머지 요소들을 다뤄보겠습니다.

브랜드에 대한 호감과 이해도를 더욱 높여주는 파사드(Façade), 이야기를 심을 공간을 구획해보는 조닝(Zoning), 구체적인 이야기를 만들고 심는 과정인 미장센(Mise en scene), 그리고 무형의 심상인 바이브(Vibe)까지의 과정을 모두 소화하고 나면, 여러분은 비로소 탄탄한 브랜드 이야기 구조를 설계할 수 있게 됩니다.

파사드,
브랜드의
첫인상 만들기

브랜드의 출발점이자 구심점 역할을 하는 콘셉트가 정해지고 나면, '더 깊은 소통으로 가기 위해', 색채와 톤을 잡아주고, 사유할 여지를 주는 '파사드(Façade)'를 마련하는 것이 좋습니다.

파사드는 건물의 출입구로 이용되는 정면 외벽 부분을 가리키는 말입니다. 건축에서 파사드의 궁극적 목적은 '소통'이라고 하는데요. 이런 관점으로 파사드는 그 건물의 가장 중요한 디자인적 요소가 됩니다. 파사드가 건물의 색채, 톤을 다 잡아주는 것이지요.

브랜드에서도 파사드라는 개념을 은유적으로 사용할 수 있습니다. 쉽게 말하면 특정 브랜드의 경험이 너무 좋아서 친구에게 짧게 핵심만(콘셉트) 소개했는데, 예상보다 친구의 반응이 좋았던 적 있으실 겁니다. 신나게 다음 이야기를 이어가게 되죠.

이때 해당 브랜드의 핵심을 몇 문장 더 부연하게 되는데, 이것을 저는 파사드라고 명명했습니다.

우리가 어떤 건축물을 관람하러 간다고 생각해보겠습니다.

차를 몰고 가서 멀찌감치 주차장에 주차를 하고, 건축물을 향해 걷습니다. 저 멀리 건축물의 형태가 어렴풋이 보이고 점점 가까워집니다. 드디어 입구가 보이고 건축물의 정면을 장식하는 석상들의 디테일이 보일 정도의 위치에 섰습니다.

171

천천히 전체 외양(파사드)을 곱씹어 본 뒤 입구로 들어섭니다. A방, B방, 2층, 3층…. 공간 구석구석 공들여 관람을 합니다. 전체를 모두 관람하는 데에는 꽤 긴 시간이 소요됩니다. 마침내 출구를 나옵니다.

하나의 건축물을 경험하는 일련의 과정 중에 방문자가 정문 앞에 당도해 머무는 시간은 짧습니다. 그 짧은 순간에 마주하는 대상을 별도로 구분하고, 건축가가 집약된 의도를 담는 행위가 저는 인상적이었습니다. 방문자에게 본격적으로 개별 공간들을 보여주기 직전에, 강렬한 한 방을 던지는 느낌이라고 해야 할까요?

어쩌면 브랜드에 있어서도 이런 역할을 하는 '그 무엇'이 필요하다는 생각이 들었습니다. 브랜드가 준비한 세세한 이야기들을 펼치기 전에 호감도를 확 끌어올리는 장치. 이야기는 건축을 닮아 있다고 생각하는 입장에서 보았을 때 파사드는 콘셉트와 BSA 하위 구조 요소들을 이어주는 가교 역할을 하기에 적절한 개념이었죠.

나의 브랜드를 경험한 사람들의 머릿속에 '대표 인상값'을 어떻게 남길지 미리 설계하는 것은 중요합니다. 그리고 그 인상값은 대개는 첫 대면의 순간에 결정되는 경우가 많습니다.

콘셉트가 가장 중요한 역할을 하겠지만 이를 부연할 수 있는 '설계된 이야기'가 뒷받침될수록 설득력은 높아집니다. 브랜드에 호감을 느낀 고객이 주변에 우리의 이야기를 퍼뜨리기도 수월해집니다. 그들을 위해 정제된 언어가 주어지니까요. 사람에 따라 각자의 언어로 변주할 수는 있겠으나 큰 틀에서 일관된 메시지가 전파될 가능성이 높아집니다.

그렇다면 대체 파사드는 어떻게 만드는 걸까요?

에센스로 파사드 설계하기

앞서 저는 '에센스(Essence)'의 개념에 대해 설명드린바 있습니다. 콘셉트를 고민하는 과정에서 머릿속을 떠다니던 수많은 생각들 가운데 핵심이 되는 단어 혹은 단어의 조합을 에센스라고 정의했습니다.

브랜드를 기획하다 보면 별별 생각들이 다 들지만, 이것만큼은 꼭 녹여야겠다 싶은 것들이 있기 마련이죠. 에센스는 말 그대로 브랜드의 정수에 해당합니다.

파사드를 만드는 가장 기본적인 방법은 이 에센스로 문장을 만들어보는 것입니다. 만들어진 문장들을 문장 간 위계를 고려해서 여러 문단으로 만들어보고, 실제 고객들에게 지속적으로 테스트해보는 것이 단순하지만 효과적인 방법입니다.

실제로 저는 브랜드 집무실을 운영하며 다음과 같은 파사드 후보들을 만들었고, 끊임없이 손님들을 지점으로 초대하며 어떤 파사드가 소위 '먹히는지' 테스트해 나갔습니다.

콘셉트	집 근처(WHERE), 업무에 최적화된 어른들을 위한 근사한 동굴(WHAT)
에센스	일하는 방식의 변화, 어디서든 일할 수 있는 환경, 성취와 성공, 몰입과 느슨한 연결, 감도 높은 공간, 일이 잘되는 공간
	"안녕하세요. 집 근처 사무실, 집무실입니다." 콘셉트를 구어체로 간략히 말한 뒤 파사드가 이어진다.
파사드 후보 A	"저희는 앞으로 사람들이 일주일에 3일은 집에서, 2일은 본사에서 일하게 될 것이라고 봅니다. 집중 업무가 필요할 때는 어디서든 각자가 원하는 곳에서 몰입하고, 협업이 필요할 때 본사에 모이는 형태가 될 것이라고 생각합니다. 이런 미래에 맞춰 어디서든 근사하게 일할 수 있는 환경을 만드는 것이 저희의 일이라고 생각하고 있습니다."

파사드 후보 B	"최근 재택근무가 늘면서 사람들이 어려움을 호소합니다. 집에서는 아이들 때문에 집중이 쉽지 않고, 그렇다고 카페나 소호 사무실을 가자니 뭔가 불편하다고 하십니다. 자기만의 동굴에 들어간 듯 몰입에 최적화된 환경을 제공하면서도 혼자라는 외로움이 들지 않게 느슨한 연결이 가능한 분위기를 만드는 것이 집무실만의 특징입니다."
파사드 후보 C	"코로나가 터진 뒤 자의 반 타의 반 집에서 근무하는 경우가 많아졌는데, 집에서 일하기 쉽지 않다고 하시는 분들이 많죠. 저희는 집에서 걸어서 15분 이내 거리에 근사한 업무 환경이 필요하겠다는 생각을 했습니다. 각자의 성향과 그날의 업무 성격에 맞게 선택할 수 있도록 워크 모듈(Work Module) 3종을 직접 개발해서 배치했습니다."

결과적으로는 C 타입을 가장 오래, 마지막까지 사용했습니다.

파사드는 앞의 예시와 같이 같이 대화 형식으로 쓰이기도 하고, 홈페이지, SNS 등 각종 매체에 텍스트 형태로 정제되어 전달되기도 합니다. 우리 브랜드가 어떤 존재인지 사람들이 조금 더 이해하게 만들고 호기심을 가지게 만들어줍니다.

로그라인 스토리텔링

가장 기본적인 위 방법에 더해 스토리텔링 분야에서 저명한 매튜 룬(Matthew Luhn)이 언급한 '로그라인(Logline)'이라는 개념을 소개해드리겠습니다. 매튜 룬은 〈토이스토리〉, 〈몬스터 주식회사〉, 〈라따뚜이〉 등 '픽사(Pixar)'의 히트작 탄생에 지대한 역할을 한 스토리보드 아티스트입니다. 현재는 포춘 500대 기업에 스토리텔링에 기반한 비즈니스 컨설팅 서비스를 제공하고 있습니다.

그의 저서 《픽사 스토리텔링》에서 소개한 로그라인은 TV 드라마나 영화, 책 등 창작 업계에서는 고전으로 통합니다. 로그라인은 지난 수천 년 동안 스토리텔링에 사용된 네 가지 요소, '영웅, 목표, 장애물, 변화'를 포함해야 합니다. 이렇게 정리된 네 가지 요소를 30초에서 3분 사이로 말할 수 있게 문장화한 것이 로그라인입니다. 매튜 룬은 〈몬스터 주식회사〉를 예로 들며 이해를 돕습니다.

누가 영웅인가?	설리, 아이들 겁주기 전문 몬스터
목표는 무엇인가?	아이들을 겁주는 행위가 잘못되었다는 진실을 폭로해 아이들을 구하는 것.
장애물은 무엇인가?	직장에서 해고되는 것, 가장 친한 친구를 잃는 것, 추방당하는 것.
변화는 무엇인가?	순진했던 설리가 의식이 깨어 있는 몬스터로 변화할 것이다.

로그라인
"몬스터 세계에서 최고의 '겁 주기' 몬스터인 설리는 우연히 인간 아이와 친구가 되면서 아이들이 몬스터에게 해롭지 않다는 사실을 알게 되는데, 이때부터 온갖 위험 즉, 직업을 잃거나 감옥에 가거나 가장 친한 친구와 멀어지게 되는 위험을 무릅쓰고 아이들을 겁 주는 행위가 잘못되었다는 사실을 폭로한다."

90분 남짓한 러닝타임이 '한 문장'으로 압축되었습니다. 어떤 이야기인지 대략 머릿속에 그려지며 심지어 기대감을 갖게 만듭니다.

결과론적이지만 브랜드 집무실의 파사드 C 타입이 가장 오랜 기간, 마지막까지 사용될 수 있었던 것은 로그라인의 네 가지 요소가 나름 충실히 녹아들어 있었기 때문이 아닐까 생각해봅니다. 많은 사람들이 동시에 함께 처한 상황(장애물)을 좋은 방향으로 바꿔보겠다고 선언했기에 공감을 얻을 수 있었다고 생각합니다.

C 타입 : "코로나가 터진 뒤 자의 반 타의 반 집에서 근무하는 경우가 많아졌는데, 집에서 일하기 쉽지 않다고 하시는 분들이 많죠(장애물). 저희(영웅)는 집에서 걸어서 15분 이내 거리에 근사한 업무 환경이 필요하겠다는 생각을 했습니다(목표). 각자의 성향과 그날의 업무 성격에 맞게 선택할 수 있도록 워크 모듈(Work Module) 3종을 직접 개발해서 배치했습니다(변화)."

여러분만의 브랜드 파사드를 구성할 때, '영웅, 목표, 장애물, 변화'라는 요소를 활용하는 것은 분명 도움이 될 것입니다. 사람들은 시대를 막론하고 '한 인물이 역경을 딛고 변화를 만들어내는 서사(Narrative)'에 탐닉하기 때문입니다.

하지만 먼저 에센스를 자유롭게 추출해보고 여러 타입의 파사드를 다양하게 구성해보시길 권합니다. 여러 고객을 만나 테스트하는 과정 속에 우리만의 매력적인 이야기를 발굴하고 다듬을 수 있기 때문입니다. 세상의 모든 이야기를 억지로 '영웅 서사'에 끼워 맞춰 틀에 갇히는 실수를 범하지 않길 바랍니다.

조닝,
이야기를 심을 곳
구획하기

이제 건축물의 입구를 들어섰으니 내부를 설계할 차례입니다. 파사드를 접한 뒤 기대감이 높아진 고객에게 어떤 공간을 보여줄지 구획하고(Zoning), 채울 때입니다(Mise en scene).

누군가는 자신의 건축물 평면을 벽체 하나 없이 텅 비운 채 임팩트 있는 동상 하나를 가운데에 배치할 수도 있겠죠. 다른 누군가는 평면을 오밀조밀하게 구획하여(Zoning) 방문객이 각 방을 들어갈 때마다 다양한 감상이 가능하도록 만들 수도 있을 것입니다(Mise en scene).

저는 브랜드의 '이야기 구조'만큼은 후자를 지향해야 한다는 입장입니다. 다양한 측면에서 풍성한 이야기를 갖춘 브랜드를 만들 수 있게 돕는 것이 이 책의 목표이기도 합니다. 이번에도 여러분에게 그 어떤 사례보다 세세하게 설명해드릴 수 있는 브랜드 집무실 사례를 통해 조닝과 미장센 작업 방법을 소개해드리고자 합니다.

고객 경험을 따라가며 설계한 이야기

우선 '조닝(Zoning)', 즉 이야기를 심을 공간을 구획할 때 저는 두 가지 측면에서 접근하는 편입니다. 가장 주요하게는 '고객 경험'의 흐름을 따라가며 기회를 포착해봅니다. 이때 특별히 흐름을 잘게 나눠보려 노력합니다. 어떻게든 이야기를 심을(Seeding) 공간을 찾아보려 애쓰죠.

아주 지엽적인 경험의 순간들은 일부 생략했지만, 예를 들면 아래와 같이 접근해봤습니다.

① 고객이 집무실의 지점 근처에 도착했을 때 가장 먼저 보게 되는 것은 무엇일까?

② 이것을 보았을 때 어떤 느낌이 들게 만들면 좋을까? 정문에 이르는 길이나 복도에서 어떤 것이 배치되어 있으면 환영받는 느낌이 들까?

③ 출입을 위해 앱을 실행했을 때 가장 먼저 보이는 화면에 어떤 게 보여야 할까?

④ QR 체크인 후 문이 열렸을 때, 앱의 첫 화면에는 어떤 것을 띄워야 할까?

⑤ 지점에 입장했을 때 보이는 전경에서 처음으로 떠오르는 인상을 '단어'로 표현하면 무엇일까?

⑥ 이를 위해 어떤 배치가 필요할까?

⑦ 업무를 위한 좌석은 어떻게 차별화할 수 있을까?

⑧ 몇 가지 타입을 나누고 고객이 선택할 수 있게 하면 어떨까? 이때 선택의 기준은 무엇일까?

⑨ 좌석에 앉았을 때 '세심한 배려'가 느껴지게 만드는 장치는 무엇일까?

⑩ 업무에 몰입하다가 잠시 고개를 들었을 때 어떻게 '환기'의 기분을 느끼게 만들까?

⑪ 좌석에서 어떤 소리를 들려줘야 할까? 향은?

⑫ 잠시 쉬는 시간에 제공할 수 있는 선택지는 무엇일까? 집중하다 보면 당이 떨어질 텐데 일반적으로 제공하는 커피나 차 외에 뭔가 제공할 수 있지 않을까? 원가 관리도 당연히 챙겨야겠지만….

⑬ 머무는 시간이 늘어남에 따라 뭔가 특별한 경험을 줄 수 없을까?

⑭ 다르게 생각하면 더 머물고 싶게 만드는 경험은 무엇일까?

⑮ 해가 지고 어두워질 때 특별한 경험을 줄 수 없을까? 늦은 밤과 새벽에 머무는 사람들에게는 어떤 경험을 줄까?

⑯ 퇴실하고 나갈 때 앱에서 어떤 메시지를 보여줄까?

⑰ 퇴실 후 한 시간 정도 지났을 때는?

⑱ 이용 후 ○○일이 지난 시점에 어떤 메시지를 건넬까?

이 모든 경험의 순간들 중 어느 곳에 회자되는 이야기를 심을 수 있을지 쪼개고 쪼개며 매의 눈으로 살펴봅니다. 사실 이와 같은 접근이 새로운 것은 아닙니다. 세계적인 디자인 회사 IDEO는 이미 1999년 '아셀라(Acela) 프로젝트'에서 이 접근법을 인상적으로 활용하는 모습을 보여줬습니다.

철도회사 '엠트렉(Amtrak)'은 당시 강력한 경쟁자로 부각되던 항공사에 대응하기 위해 새로운 고속 열차 '아셀라

Learning — Planning — Starting — Entering — Ticketing

(Acela)' 개발을 추진하게 됩니다.

고객에게 좀 더 근사한 경험을 제공하고자 IDEO에게 객실 디자인 의뢰를 하게 되는데, IDEO는 경쟁력의 본질이 '객실'과 '디자인'에 있다고 판단하지 않았죠. IDEO는 고객이 여행 정보를 학습하고 계획하는 순간부터 목적지에 도착해서 여행을 이어가는 순간까지, 총 10단계의 경험을 종합한다고 보았습니다.

이에 따르면 '객실 경험'은 8단계, 극히 일부에 불과합니다. 객실을 황금으로 뒤덮는다 하더라도 나머지 단계의 경험이 불량하면 항공사 대비 경쟁 우위를 가지기 힘들다고 판단했죠. 따라서 이 모든 단계에 강력한 이미지를 심을 수 있게 경험을 디자인하는 것이 필요하다고 보았습니다.

고객의 전체 여행 경험을 순차적으로 나타낸 '고객 여정 맵(Customer Journey Map)'이라는 도구가 이 프로젝트를 통해 유용성을 크게 인정받게 되었습니다. IDEO는 이후 서비스 디자인 업계를 선도하게 됩니다.

아셀라 프로젝트가 정리한 고객 여행 10단계

저 역시 이 프로젝트에서 큰 영감을 받았고 저만의 관점과 생각을 조금씩 덧붙여 나가고 있습니다. 대표적으로 저는 위에서 말씀드린 것처럼 가능한 한 '더 잘게' 경험의 순간들을 쪼개보려 노력합니다. 잘게 쪼개진 모든 순간에 이야기를 심는 것은 불가능하겠지만, '작은 차이'를 심을 기회를 발견할 수 있다고 믿습니다.

예를 들면, 아셀라 프로젝트 10단계 중 여섯 번째 단계인 '티켓팅 후 보딩을 기다리는 시간(Waiting)'에 다음과 같은 질문들을 던질 수 있을 것입니다. 이를 통해 좀 더 세분화된 기회를 포착할 수 있습니다.

- 고객들은 기다리는 시간에 주로 어디에 머무나?
- 이때 주로 느끼는 감정은 무엇인가? 어떤 감정이 가장 비중이 높은가? 설렘? 지루함? 그 외에는?
- 고객이 느끼는 감정을 증폭 혹은 완화해줄 수 있는 방법은 무엇일까?

185

- 기다리는 시간에 주로 무엇을 하며 시간을 보내나? 이것을 더 좋은 경험으로 이끌 방법은 무엇인가?
- 아예 새롭게 제시할 수 있는 시간 보내는 방법에는 무엇이 있을까?
- 시간을 잘 보내는 데 방해되는 방해 요소는 무엇인가? 어떻게 해소해줄 수 있을까?

만드는 과정에 주목하여 설계한 이야기

다음으로, 저는 이야기를 심을 공간을 구획할 때(Zoning) '만드는 과정'에도 주목해봅니다.

요즘 같이 '과정'이 주목받는 시대가 있었나 싶습니다. 사람들은 결과물이 자신의 손에 당도하기까지의 과정을 그 어느 때보다도 궁금해합니다. 어떤 사람들이 어떤 생각으로 만든 것인지, 중간에 어떤 시행착오가 있었고, 그것을 어떻게 돌파했는지…. 마치 가벼운 드라마를 보듯 '만든 이의 서사'를 소비합니다.

집무실을 만들던 저희 역시 다양한 상황과 마주했고, 어려운 도전에 직면하는 경우가 많았습니다. 정신없이 해결책을 마련하며 나아가는 와중에도 왜(WHY) 우리가 이런 제품, 서비스를 새롭게 선보이게 되었는지 소통하는 것을 잊지 않았습니다. 일의 경중을 떠나 팀별로 겪은 '도전-대응 과정-시행착오-해결책'을 정리해 이야깃거리로 활용했습니다.

실제로 '만드는 과정'을 어떻게 브랜드 이야기로 만들어 활용했는지는 미장센 챕터에서 자세히 설명드리도록 하겠습니다.

미장센,
이야기 심기

기회를 포착해 공간을 구획했다면, 이제는 그곳에 흥미로운 이야기를 심어야 합니다(Seeding).

무대 위 등장인물의 배치, 역할, 무대 장치, 미술, 조명 등에 관한 총체적인 계획을 뜻하는 용어, '미장센'이 필요한 순간입니다. 때로는 제품이나 서비스를 만드는 사람이 '등장인물'의 역할을 하며 고객과 교감하기도 하고, 자신의 의도를 담은 총체적인 경험의 세계로 고객을 '이끈다'는 점에서 '미장센'이라는 표현이 적절하다고 생각했습니다.

저는 공간을 채울 아이디어를 떠올릴 때, 또 한번 '육하원칙'이라는 도구를 꺼내듭니다. 포착된 여러 기회의 순간들에 여섯 개의 가늠자를 대보며 실행 가능한 안을 그려보는 것이죠. 가령 '업무를 위한 좌석은 어떻게 차별화할 수 있을까?'라는 질문에 190쪽과 같이 다각도로 접근해봅니다.

190쪽의 질문들을 쏟아내면서 매력적이라고 판단되는 이야기가 도출될 경우 실체를 만들어 나갔습니다. 각각의 이야기들은 홈페이지, SNS, 블로그, 오프라인 이벤트, 고객과의 대면, 각종 매체와의 인터뷰 등 기회가 주어질 때마다 적절한 형식으로 발화되었습니다. 이를 우연히라도 접한 고객은 흥미롭게 이야기를 소비했고, 운이 좋을 때는 그들의 언어로 우리의 이야기를 퍼뜨려주었습니다.

누가 (WHO)	• 어떤 사람이 이곳에 주로 방문할까? • 유형화가 가능하지 않을까? • 각 유형별로 필요한 것을 정리해보자. • 우리 내부 구성원들로부터 단서를 얻어보는 건 어떨까?
언제 (WHEN)	• 업무용 좌석이 필요한 순간은 언제인가? • 주로 무엇을 하나? 역시 몇 가지 유형으로 구분할 수 있지 않을까? • 각 순간마다 어떤 것이 제공되면 좋을까?
어디서 (WHERE)	• 위에서 말한 유형화가 가능하다면 각 유형별로 좌석의 위치도 달라질까?
무엇을 (WHAT)	• 우리가 만들 제품의 수식어를 떠올려보자. • 기성 제품 대비 우리가 확실히 가져가고 싶은 수식어는 무엇인가?
어떻게 (HOW)	• 어떤 경험을 주고 싶나? • 우리가 가진 자원이라고 할 수 있는 IoT 기술을 접목할 여지는 없을까? • 그것이 고객에게 주는 의미는 무엇인가?
왜 (WHY)	• 기성 제품을 쓰지 않고 독자적으로 개발해야겠다고 결심한 이유는 무엇이었나? • 고객들이 감동할 정도의 이유인가?

- 포착한 순간 : 지점 근처에 도착했을 때 가장 먼저 보이는 로고, 어떤 느낌이 들게 만들면 좋을까?
- 아이디어 : 한자로 표기해서(HOW) 생경한 느낌이 들게 만들자.

브랜드를 기획하며 저는 '집무실(執務室)'이라는 단어가 가진 뜻에 주목했습니다. '높은 지위에 있는 사람들이 업무를 처리하는 방'. 업무 공간 서비스를 기획하는 입장에서 집무실은 분명 매력적인 단어였습니다.

하지만 묘한 반발심도 생겼습니다. '왜 높은 지위의 사람들만 쓰는 곳일까? 보통의 사람들도 이곳에 머무는 순간만큼은 스스로 고귀한 존재가 된 것 같은 기분이 들면 좋지 않을까?' 이런 관점에서 지점을 방문할 때 가장 먼저 마주하는 로고가 긍정적인 위화감을 조성해주면 좋겠다고 생각했습니다.

익숙하지 않은 상징물을 마주한 뒤, 자신이 고귀하게 여겨지는 곳으로 '전환되는' 기분을 선물하고 싶었습니다. 평소 잘 접하지 않는 한자 표기가 일종의 '전환 스위치' 역할을 할 수 있다고 생각했습니다.

감사하게도 집무실을 접한 분들은 '왜 로고가 한자인지' 많이들 물어봐주셨습니다. 당시만 해도 흔한 로고 스타일은 아니었기 때문일 것입니다. 그때마다 앞에서 말씀드린 저의 생각이 전달되었고, 이것은 만든 이의 고민이 배어 있는 생각이기에 존중되었습니다.

여담이지만 제가 한자 로고에 대한 의견을 간략히 팀원들께 공유했을 때 큰 반발에 부딪혔습니다. 집무실이라는 어려운 한자를 누가 읽을 수 있겠냐, 왜 꼭 한자여야 하는가. 모두 합리적인 의견이라고 생각합니다. 결국 영문을 병기해서 약점을 보완했고, 설득을 위해 생각을 다지는 시간을 가질 수 있었습니다.

여러분들의 로고에는 어떤 생각이 담겨 있나요?

고객 경험을 따라가며 설계한 이야기 2: 마스코트 정하기

- 포착한 순간 : 정문에 이르는 길이나 복도에서 어떤 것이 배치되어 있으면 환영받는 느낌이 들까?
- 아이디어 : 곰직원(WHO)이라는 마스코트를 만들어 브랜드에 약간의 친근함을 더하자.

'한자 로고, 고귀한, 근사한, 성취와 성공, 몰입….'

만들다 보니 브랜드의 톤이 너무 무거워진다는 생각이 들었습니다. 브랜드가 하나의 지향점을 향하는 것은 바람직하나, 지나친 진지함이 '재미 없음'으로 연결될 수 있겠다 싶었습니다.

지점의 입구를 들어설 때 환영해주고, 다소 엄숙한 안내 사항을 전달할 때 긴장감을 완화해줄 수 있는 존재가 있으면 좋겠다고 생각했습니다. 그리고 이 존재는 일을 하며 살아가는 우리 현대인을 닮으면 좋겠다는 생각이 들었습니다.

그래서 배가 좀 나오고 목이 좀 굽은 곰을 마스코트로 삼아 '곰직원'이라는 이름을 붙여주었습니다. 마냥 귀엽지만은 않은, 언뜻 보면 나를 닮은 것 같기도 한 모습에 많은 고객들이 호감을 느꼈다는 후기를 남겨주셨습니다.

우리가 어떤 필요에 의해 마스코트를 개발하게 되었고, 왜 곰을 선정하게 되었는지 다양한 고객 접점에 이야기를 뿌려 두는 것도 잊지 않았죠. 이 이야기는 특히 브랜드나 마케팅 관련 일을 하시는 분들께 흥미롭게 회자되었습니다.

브랜드에 있어서 톤(Tone)이라는게 무엇일까? 그것을 조절하는 것이 왜 필요한가? 어떻게 조절이 가능한가? 평소 그 분들께서 고민하고 있던 문제였기에 반가운 사례 중 하나이지 않았을까 생각해봅니다.

고객 경험을 따라가며 설계한 이야기 3: 느슨하게 연결되는 경험

- 포착한 순간 : 입장을 위한 QR 체크인 후 문이 열렸을 때, 앱의 첫 화면에는 어떤 것을 띄워야 할까?
- 아이디어 : 재실 중인 회원의 워크 프로필을 보여줌으로써(HOW), 서로 간의 연결 가능성을 열어주자.

집무실은 공유 오피스이다보니 다양한 배경의 사람들

이 한 공간에 모여 일을 하게 됩니다. 재택근무를 하는 직장인이나 프리랜서가 집중 업무를 해야 할 때 혼자 방문하는 경우가 많습니다. 이들이 일을 잘 할 수 있는 환경을 만드는 것이 저희의 일이었습니다.

하지만 한발 더 나아가 집무실 회원 간에 연결의 가능성을 열어주는 것도 의미 있는 일이라는 생각이 들었습니다. 가령, 출입을 위해 앱을 켜고 QR로 입장을 했더니 앱 화면이 바뀌며 현재 지점에 머물고 있는 회원들의 워크 프로필을 확인할 수 있다면 어떤 일이 일어날까 상상하게 되었습니다.

아마도 우리의 상상이 현실이 된다면 이를 경험한 고객은 다음과 같은 말을 주변 동료에게 할 수 있겠다고 생각했습니다.

"최근에 집무실이라는 공유 오피스 한 달 회원권을 끊었는데, ○○기업, □□기업 개발자 분들이 내가 다니는 지점에서 일을 하고 계시더라고. 그래서 메시지 보내서 인사드리고 지점에서 커피챗 하면서 간단히 직무 관련 이야기도 나눴어. 신기하더라고."

실제로 해당 기능을 런칭한 이후에 각 지점에서 이 같은 일이 일어났습니다. 메시지 기능이 워낙 제한적으로 구현되어 당초 기대했던 정도의 결과를 얻은 것은 아니었지만, 의미 있는 '연결'이 일어난 것은 분명했습니다.

더욱이 우리의 이야기를 실어 날라줄 우군을 얻게 되었습니다. 무엇보다 그 이야기는 그들의 생생한 경험을 기반으로 합니다. 이야기를 듣는 사람의 입장에서는 아주 양질의 정보로 다가올 것입니다.

우리의 이 같은 행보는 오히려 업계에서 더 신선하게 받아들여졌습니다. 공간만 제공하는 사업자들과 달리 오프라인에서의 경험을 온라인과도 연결시키는 독특한 브랜드로 인지되었던 것이죠. 우리가 의도를 담아 설계한 이야기는 그렇게 작동했습니다.

고객 경험을 따라가며 설계한 이야기 4: 공간 구상하기

- 포착한 순간 : 업무를 위한 좌석은 어떻게 차별화할 수 있을까?
- 아이디어 : 내부 구성원들(WHO)의 업무 성향을 유형화해보자. 개발 과정을 공개하자(HOW).

우리가 만들고자 하는 것이 '업무에 최적화된', '근사한' 업무 공간이다 보니 이에 걸맞은 업무용 좌석이 필요했습니다. 도대체 업무에 최적화된 책상, 의자라는 것이 무엇일까? 거기에 근사한 느낌마저 들어야 하다니…. 다소 막막했습니다.

시중에 있는 제품들을 샅샅이 살펴보는 과정에서 막막함은 더 커져만 갔습니다. 누가 봐도 비싸 보이는 것들은 우리의 요구를 충족해줄 것으로 보였습니다. 하지만 한정된 투자금으로 움직여야 하는 스타트업이 소위 '업장'에 놓을 책상 하나에 수백을 쓸 수는 없는 노릇이었습니다.

그렇다고 현실적인 가격에 맞춰 선택을 하자니 여간해서는 만족이 안 되었습니다. 뭔가 우리의 콘셉트가 무색해진다는 느낌이 들었습니다. 결국, 직접 만드는 수 밖에 없겠다는 생각에 이르렀죠.

무엇을 만들지, 돈이 얼마나 들지 몰랐지만 부딪히며 나아가보고 싶었습니다. 과정 끝에 해결책을 찾게 된다면 업계의 유일무이한 존재가 될 수 있다는 치기 어린 희망도 품었습니다. '설령 해결책에 이르지 못하더라도 우리의 과정을 지켜본 사람들의 응원은 받을 수 있겠지.' 하고 마음을 다잡았습니다.

직접 만들기로 한 이상 지향점을 외부에서 찾진 않기로 했습니다. '우리가' 필요로 하는 것을 만들어보기로 했습니다. 업무 공간에서 가장 중요한 핵심 단위는 1인의 개별적인 업무용 좌석이라고 생각했기에 우리가 만들 이 좌석을 '워크 모듈(Work Module)'이라 명명하고 실체를 그려 나갔습니다.

20여 명의 구성원들의 업무 성향과 요구 사항들을 살피다 보니 크게 두 가지로 유형화가 가능했습니다. 일하는 중에는 마치 동굴에 들어간 것처럼 그 누구의 방해도 받고 싶어하지 않는 부류가 있는가 하면, 탁 트인 뷰의 개방감 있는 좌석을 선호하는 부류도 있었습니다.

전자의 경우 주로 개발자분들이 많았는데 코딩할 때 초집중 모드가 가능하도록 사방을 1.9m 파티션으로 둘러쌌습니다. 그리고 이 워크 모듈의 모델명을 'CAVE'라고 정했습니다.

문을 열고 들어갈 때마다 나만의 동굴에 들어가는 기분이 들게 만들고 싶었습니다.

후자의 경우 카페에서 일하는 것을 선호하는 기획자, 디자이너 분들이 많았습니다. 눈앞의 사람들, 풍경을 조망하며 혼자 일하고 있지만 혼자인 것 같지 않은 안온감을 원하는 분들이었습니다. 흥미로운 점은 '일하고 있는 내 모습이 멋져 보였으면 좋겠다'는 심리도 존재한다는 것이었습니다. 그만큼 이 모델은 편안하고 개방적이며 디자인적으로 멋져야 했습니다.

이 같은 점을 고려해 모델명은 'NEST'로 정했습니다. 두 모델을 만들어놓고 보니, 너무 양극단으로 나눈 것은 아닐까 하는 막연한 불안감이 들었습니다. 중간 사양의 절충된 모델을 하나 추가하면 좋겠다고 생각했습니다. CAVE에 비해 파티션의 높이를 대폭 낮춰 개방감을 높인 모델을 샘플로 만들어보았죠. 사업적으로 안정적인 결정을 했다는 안도감이 느껴졌습니다.

하지만 내부 반응은 차가웠습니다. 너무 심심하고 평범한 사무용 큐비클 이상도 이하도 아니었던 것이죠. 그래도 중간 모델 하나는 있어야 한다는 생각에 수많은 시도가 이어졌습니다. 그러던 어느 날 파티션 상단에 우윳빛 불투명한 유리를 덧붙여 불을 밝힌 시도가 있었고 곧 구성원들이 해당 모델 주위로 모여들었습니다. 운율도 맞출 겸 벌집을 닮은 이 모델은 '워크 모듈 HIVE'로 명명되었죠. 여담이지만 익숙하면서도 아주 살짝 다른 형태를 취해 따뜻한 분위기를 풍기는 이 하이브는 이후 가장 인기 있는 모델이 됩니다.

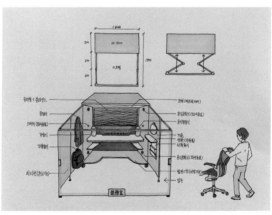

집무실 워크 모듈 개발 초기 모습

워크 모듈 HIVE의 파티션 높이는 1.5m입니다. 앉았을 때 살짝 고개를 들면 외부 창이 어느 정도는 보이면서도, 지나가는 다른 회원들의 시선으로부터 프라이버시가 보장됩니다. 적절히 균형 잡힌 개방감과 몰입감을 느끼게 만들고 싶었습니다.

워크 모듈 CAVE의 파티션에는 삭막한 독서실의 느낌을 없애기 위해 곡선의 디자인을 요소요소에 적용했습니다. 비용만 따지자면 '굳이' 행할 필요가 없는 조치이지만 사용자가 조금 더 오래 머물고 싶은 분위기를 만드는데 도움이 된다고 생각했습니다.

🐾
워크 모듈 NEST의 양 측면에는 수납이 가능한 공간을 마련했습니다. 가방이나 기타 물품들은 눈에 보이지 않게 넣어두고 테이블 위 '지금'의 일에 집중할 수 있게 만들고 싶었습니다.

집무실을 알게 된 사람들은 이런 개발 과정의 뒷이야기를 접하며 자신은 어떤 유형에 해당하는지 흥미롭게 맞춰보았습니다. 무엇보다도 자신과 비슷한 일을 하고 있는 사람들이 만든 업무용 좌석이었기에 세계적인 디자이너가 만든 것과는 다른 결의 소구점이 생겼던 겁니다.

한편, 제조 공장을 드나들며 겪은 일들을 채널에서 공유하는 것도 게을리하지 않았습니다. 시제품을 업데이트하는 과정에서 어떤 사양들이 추가되었고, 왜 그것들을 추가하게 되었는지 우리의 생각들을 덧붙였죠. 가령 오른쪽 워크 모듈과 같은 사소해 보이지만 곱씹어볼 만한 이야기들이 고객과의 접점에 심어졌습니다.

앞선 과정이 얼핏 보면 일사천리로 진행된 일 같지만, 너무나 당연하게도 어려움의 연속이었습니다. 특히 워크 모듈의 높은 생산 단가가 가장 큰 난관이었습니다. 가구를 한 번도 제작해보지 않은 사람들이 소량으로 생산하는 것이기에 어쩌면 필연적인 결과였습니다.

선택과 집중이 필요했습니다. 1인 업무용 좌석 '워크 모듈'은 브랜드를 구성하는 핵심 기능 단위이기에 여기서 비용을 무리하게 낮추기보다는 나머지 요소들에 주목해보기로 했습니다. 인테리어 항목들 중 비용을 절감할 수 있는 요소들을 집요하게 찾아 줄이기를 반복했습니다.

결과적으로 지점 한 개를 만드는 전체 평당 비용을 동종 업계 최저 수준으로 맞추는 데 성공하게 되었습니다. '1인 좌석에 힘을 주고, 불필요한 것들을 절감해 나가는 한 집단의 이야기'는 그렇게 또 하나의 흥미 요소가 되었습니다. 특히 부동산 업계에서 많은 관심을 가져주셔서 여러 매체의 호출을 받게 되었고 그때마다 앞서 말씀드린 모든 이야기를 쏟아냈습니다.

고객 경험을 따라가며 설계한 이야기 5: 예상치 못한 근사한 경험

- 포착한 순간 : 집중하다 보면 당이 떨어질 텐데 뭔가 특별한 경험을 제공할 수 없을까?
- 아이디어 : 대접받는 기분이 들게 위스키와 다과를 제공하자(WHAT).

일에 몰입하다 보면 당이 떨어져 집중력이 흐트러질 때가 있습니다. 일반적으로 공유 오피스에서는 이를 대비해 캔틴 한편에 커피와 간단한 시리얼 등을 비치해두고, 회원들이 자유롭게 이용할 수 있도록 합니다.

하지만 집무실에서만큼은 콘셉트에 담긴 단어처럼 '근사한' 경험을 제공하고 싶었습니다. 그러려면 먼저 우리가 생각하는 '근사함'이 무엇인지 정의해야 했습니다.

저는 적어도 이런 경우에 한해서는 '대접받는 기분이 들게 만드는 것'이 근사함이라고 생각했습니다. 더 나아가, 대접이란 값비싼 무언가를 제공하는 것이 아니라, 시의적절하게 상대가 예상하지 못한 것을 챙겨주는 것이라고 보았습니다. 이 같은 생각에 따라 다음과 같은 서비스가 주중에는 매일 제공되었습니다.

- 오후 2시 반, 당이 떨어질 때쯤 '크루(Crew)'라 불리는 집무실 직원들이 정갈한 나무 접시에 선별한 다과를 담는다.
- 그날그날 테마에 따라 다과의 배치 디자인도 달라진다. 예를 들어, 할로윈 주간에는 주황색 쿠키와 초콜릿을 활용해 호박 모양을 익살스럽게 연출해 회원들에게 제공하는 식이다.
- 팀에서 미리 준비한 할로윈과 관련된 재밌는 이야기를 건네며 친분을 쌓기도 한다.
- 다과와 함께 어울리는 위스키 한 잔이 제공되며, 해당 위스키에 얽힌 이야기가 곁들여진다. 술을 마시지 않는 회원들에게는 논알콜 칵테일이 준비된다.
- 오후 3시에서 4시 사이, 단 한 시간 동안 집무실에는 밀도 있는 충전의 시간이 흐른다.

단순히 커피와 시리얼을 깔아두고 제공하는 방식보다 원가는 다소 높아질 수 있지만, 마케팅 관점에서는 분명한 효과를 기대할 수 있다고 판단했습니다.

실제로 월 단위로 억대의 마케팅 예산을 집행하는 타사들과 비교했을 때, 집무실은 비교가 되지 않는 적은 비용으로 존재를 각인시켰습니다.

그리고 무엇보다 중요한 것은, 브랜드가 지향하는 추상적인 가치가 고객에게 '구체적인 실체'로 체감되었다는 점입니다. '눈으로 보고, 입으로 느껴지는' 자극만큼 강렬한 것은 드물죠. 고객들은 그들의 경험을 주변에 맹렬히 이야기하기 시작했습니다.

하루 한 시간 동안 제공된 이 서비스는 '슈거 & 리커 타임(Sugar & Liquor Time)'이라는 이름으로 불리며, 이후 집무실을 소문 내는 일등 공신 역할을 했습니다.

고객 경험을 따라가며 설계한 이야기 6: 의외의 시간에 선물하는 경험

- 포착한 순간 : 해가 지고 어두워질 때 특별한 경험을 줄 수 없을까? 늦은 밤과 새벽에 머무는 사람들에게는 어떤 경험을 줄까?
- 아이디어 : 일몰 시간에 맞춰(WHEN) 조명, 음악이 자동으로 바뀌게 만들자(WHAT).

집무실을 시작한 지 1년을 조금 넘긴 시점의 일입니다.

정동 본점, 서울대점, 석촌점까지 총 세 군데의 지점이 운영되고 있었습니다. 1년을 운영했으니, 각종 데이터를 뽑아보며 회고의 시간을 가지면 좋겠다고 생각했습니다.

집무실은 회원들이 앱을 통해 24시간 365일 자유롭게 드나드는 공간이다 보니, 언제 어떤 사람들이 오갔고 얼마나 머물렀는지를 확인할 수 있었습니다. 일반적인 사람들이 일하는 시간은 9 to 6 이므로, 해당 시간대의 이용량이 90% 이상일 것이라 예상했습니다.

하지만 막상 데이터를 들여다보니, 예상과는 달리 저녁 6시 이후에도 이용량이 상당했습니다. 당초 예상보다 두 배가 넘는 사람들이 저녁 6시 이후 집무실을 찾았으며, 전체 이용자의 약 20%가 저녁 6시부터 다음 날 아침 9시 사이에 머물고 있었던 것이죠.

밤의 환경은 낮과 분명히 다릅니다. 회원들이 밤과 새벽 시간대에 이토록 많이 머물고 있다면, 그 시간에 최적화된 업무 환경을 마련해야 한다는 생각이 들었습니다.

하지만 현실적인 제약도 무시할 수 없었습니다. 밤에는 상주 인력이 없다 보니, 물리적으로 가구나 집기에 변화를 주는 것은 어려웠습니다. 대신, 중앙에서 원격으로 제어할 수 있고 자동 조정까지 가능한 조명과 음악이 최적의 변화 요소로 떠올랐습니다.

이에 따라, 일몰 시간에 맞춰 전 지점의 조명과 음악을 자동으로 전환하는 '나이트 시프트(Night Shift)' 프로그램을 도입하기로 결정했고, 관련 팀은 본격적인 연구에 착수했습니다.

늘 그래왔듯 이 모든 연구의 과정을 이야기로 만들어 다양한 채널에 배포했습니다. 그리고 마침내 나이트 시프트가 도입되는 날, 각 지점으로 손님들을 초대하며 우리가 왜 이런 프로그램을 만들게 되었는지 소개했습니다. 이 자리에는 조명, 공간 분야의 인플루언서분들과 업무 환경에 관심이 큰 기자님들 그리고 기업 담당분들이 초대되었습니다. 각 지점의 회원분들을 모시는 것도 잊지 않았습니다. 참석한 분들을 통해 자연스럽게 다음과 같은 이야기들이 회자되었습니다.

"집무실이라는 브랜드에서 독특한 행사를 하더라고. 일몰 시간이 되면 자동으로 조명과 음악이 확 바뀌는데 밤에 아늑하게 일하기 좋겠더라. 낮 시간에는 Lofi 계열의 비트 있는 음악을 주로 틀어주다가 밤에는 빌 에반스, 챗 베이커 같은 재즈 음악을 틀어주더라고. 위스키도 한 병 놓여 있어서 한 모금씩 할 수 있더라. 밤에 잔업할 때나 공부하러 가면 좋겠더라고…."

물론 프로그램 관련 핵심 이야기는 사전에 언어로 정제되어 각 지점 크루들에게 배포되었고, 손님들께 설명되었습니다. 정리된 후속 자료는 하루 뒤 메일과 카카오톡으로 방문하신 분들께 빠짐없이 전달되었습니다. 나이트 시프트를 도입하고 한 달 뒤, 그간에 변화된 데이터가 나왔고, 이를 다시 공개하며 이야기를 이어갔습니다.

'18시 이후 방문자 22% 증가, 18시 이후 1인 평균 이용 시간 38% 증가.'

만드는 과정에 주목해 설계한 이야기 1 : 공간 다이내믹

1호점인 정동 본점이 문을 열자, 집무실은 큰 주목을 받았습니다. 코로나 시대에 발맞춰 '일하는 방식의 변화'를 외치는 한 집단의 시의적절한 목소리에 많은 사람들이 귀 기울였습니다. 김중업의 건축, 양이제, 성공회 대성당 등 공간이 지닌 흥미로운 역사적 배경에 더해, 비전문가들이 모여 보란 듯이 완성한 워크 모듈 또한 좋은 평가를 받는 데 한몫했습니다.

상황이 이렇다 보니 이 시점에 저희의 자신감은 최고조에 달했습니다. 이제 본격적으로 주거지에 진출하게 되면, 정동 본점처럼 '말도 안 되게 좋은' 주변 환경을 기대하기는 어렵겠지만, '하던 대로 접근성 좋고, 창밖으로 나무가 보이는 공간에 우리의 자랑스러운 워크 모듈을 그냥 깔면 되는 것 아닌가?'라고 생각했습니다.

그렇게 안일한 생각을 가진 채, 2호점을 서울대입구에 열기로 결정했습니다. 강남이나 판교로 출근하는 직장인들과 학교 인근에 거주하는 대학생들이 주요 타깃이었습니다. 의욕적으로 출점 위치를 정하고, 4주 만에 공사를 마친 뒤 마침내 대망의 오픈 날을 맞이했습니다.

하지만 초반의 관심과 달리, 한 달 동안 판매된 좌석은 단 두 개에 불과했습니다. 당시만해도 집무실은 좌석당 월 단위로 비용을 청구하는 요금제였죠. 충격적인 결과였습니다. 저를 포함해 팀은 크게 당황했습니다.

조금 차분히 마음을 가라앉히고, 우리의 문제점이 무엇이었을까 돌아보았습니다. 여러 요인이 있었지만, 가장 큰 문제는 답답하고 지루한 '공간감'이라고 판단했습니다. 정동 본점의 세 배나 되는 넓은 공간에, 우리가 그토록 자신만만해 하던 워크 모듈만 빼곡히 배치했기 때문이었습니다.

실제로 서울대점을 방문한 고객들이 가장 많이 언급한 말은 '독서실 같다….' 였습니다. 독서실이라는 형태 자체가 문제라기보다는 정동 본점의 분위기를 기대하고 방문한 고객들에게 전혀 다른 느낌의 공간이 펼쳐졌다는 점이 가장 큰 문제였을 것입니다.

변화가 필요했습니다. 그 변화를 위한 단서 역시 고객의 말에서 찾아보기로 했습니다.

'일을 할 때는 몰입이 잘 되어서 좋은데, 너무 일할 곳만 있는 느낌이에요.'

'일할 곳만 있는 느낌이라니, 그럼 다른 공간이 필요하단 뜻일까? 그렇다면 그 공간은 무엇일까?'라고 생각하며 이 질문에 대한 답을 찾기 위해 한 달간 서울대점의 문을 닫고 문제 해결에 몰두했습니다. 손에 잡히는 대로 책을 찾아보며 불안감을 달랬죠. 그러나 불안이 컸던 탓인지 글이 눈에 잘 들어오지 않았고, 그저 기라성 같은 작가들의 작품 이미지만 계속해서 넘겨보았습니다.

그러던 중, 눈에 띄는 이미지 한장을 발견하게 되었습니다. 나중에야 알게 된 사실이지만, 르 코르뷔지에(Le Corbusier)

독서실처럼 워크 모듈만 빼곡히 배치한 집무실 서울대점 초기 모습

의 '모듈러(Modulor)'였습니다. 모듈러가 건축 설계에 활용하기 위해 르 코르뷔지에가 개발한 인체 측정 비율 시스템이라는 사실은 그 당시 저에게 중요하지 않았습니다. 그 한 장의 이미지는 그동안 제가 간과했던 사실을 깨우쳐주었습니다.

'그래, 우리는 이렇게 다양한 자세를 취하며 살아가는 존재인데, 왜 나는 이 넓은 공간에 단 하나의 자세를 위한 좌석만을 채웠던 걸까?'

대대적인 변화가 시작되었습니다. 일을 하는 동안 정자세로 몰입하되, 때로는 서서 가볍게 책을 읽기도 하고, 또 때로는 늘어져서 핸드폰을 볼 수도 있는… 상황에 따라 다양한 자세를 포용할 수 있는 공간으로 탈바꿈시키는 작업에 돌입했습니다. '인간은 다양한 자세로 일하고 사유할 때 능률이 오른다.'라고 우리의 생각을 문장으로 적어보기도 했으며, 이 생각이 충분히 적용된 공간을 '공간 다이내믹(Dynamic)'이 높은 공간이라고 정의했습니다.

서울대점이 이렇게 다양한 좌석을 갖춘 모습으로 변모하면서, 전체 공간의 무게중심을 잡아줄 상징적인 무언가가 있으면 좋겠다고 생각했습니다.

그때 영감을 준 또 하나의 이미지가 에드워드 호퍼(Edward Hopper)의 〈밤을 지새우는 사람들 : Nighthawks〉이었습니다. 작품 속 사람들은 각자의 시간을 보내면서도, 한 공간 안에서 묘한 안도감을 느끼고 있는 것처럼 보였는데요. 이처럼 집무실에도 각자의 일에 집중하다가도, 때로는 한 곳에 모여 '느슨한 연결'을 나누는 공간이 있으면 좋겠다는 생각이 들었습니다.

이에 착안해, 작품 속 바(Bar)를 업무 공간 한가운데 배치하기로 결심했습니다. 이 공간은 이후 '바 스테이지(Bar Stage)'로 명명되었고, 슈거 & 리커 타임 동안 크루가 회원들에게 다과를 제공하는 무대로 활용되었습니다.

공간 다이내믹
- 마주한 문제: 야심차게 오픈한 2호점, 좌석이 팔리지 않는다!
- 해결책: 르 코르뷔지에, 에드워드 호퍼(WHO)에서 영감을 받은 공간으로 탈바꿈시킨다.

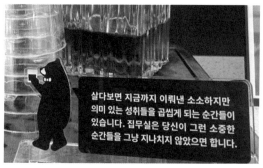

살다보면 지금까지 이뤄낸 소소하지만 의미 있는 성취들을 곱씹게 되는 순간들이 있습니다. 집무실은 당신이 그런 소중한 순간들을 그냥 지나치지 않았으면 합니다.

슈거 & 리커 타임을 즐길 수 있는 바 스테이지

이러한 변화가 사람들에게 어떻게 '이야기'로 소비되었는지는, 다음 내용인 '시간 단위 요금제'와 함께 정리해보겠습니다.

만드는 과정에 주목해 설계한 이야기 2 : 시간 단위 요금제

집무실 서울대점의 가장 큰 문제는 답답하고 지루한 '공간감'이었지만, '가격' 또한 판매에 상당한 걸림돌이 되었습니다. 지점을 방문한 고객들 가운데 체감상 열 명 중 네다섯 명은 공간을 둘러본 뒤, "가격이 좀 비싸네요⋯."라며 말끝을 흐렸습니다.

무턱대고 가격을 할인하기보다는, '비싸다'는 말의 속내가 무엇인지 조금 더 들여다볼 필요가 있겠다 싶었습니다. 이에 '비싸다'는 의견을 내비쳤던 분들을 다시 한번 초대해 깊은 대화를 나누었습니다. 그분들 중 상당수는 '코로나가 덜컥 끝나면서 언제 회사로 복귀할지 모르는데, 한 달 비용을 모두 내는 건 부담스럽다'는 반응을 보였습니다.

절대적인 가격이 비싼 것이 아니라, 나의 상황을 감안했을 때 불확실성을 모두 떠안고 비용을 지불해야 한다는 점이 '비싸게 느껴졌던' 것입니다.

그렇다면, 머문 시간만큼만 결제하게 만들면 되는 문제였습니다.

어차피 공간 다이내믹이 높아진 환경으로 바뀌었으니, 고객이 다양한 좌석을 자유롭게 오가며 일할 수 있도록 하고, 입장과 퇴장 시간을 체크해 머문 시간만큼만 청구하면 되겠다 싶었습니다. 물론 지정석에 대한 수요는 있겠지만 그리 크지 않다고 보았고, 만약 원하는 사람이 있다면 좀 더 높은 가격을 받고 판매하면 될 것이니 큰 문제는 아니었죠. 오히려 고객 입장에서는 그날그날의 컨디션과 업무 성격에 따라 원하는 좌석을 선택할 수 있으니, 더 유연하고 만족스러운 경험이 될 것이라고 보았습니다.

게다가 시간 단위 요금제로 과금 모델을 변경할 준비도 이미 갖춰진 상태였습니다. 집무실은 런칭 초기부터 출입 절차에서 불필요한 대면 업무를 최소화하고자, 앱을 통해 회원권 결제 및 출입 관리가 모두 가능하도록 설계되어 있었습니다. 따라서 추가해야 할 기능은 입퇴장 시간 측정 및 자동 청구 정도였고, 이는 충분히 구현할 수 있는 범위였습니다. 과감한 결정이 필요한 순간이었고, 저희는 즉시 실행에 옮겼습니다.

한 발 더 나아가보기도 했습니다. 고객과의 대화를 통해 확인했듯, 사람들은 불확실한 상황 속에서 결정을 내리는 것을 망설이고 있었습니다. 이들을 위해 '경험해보고 결정하라'는 메시지까지 요금제에 담기로 했습니다. 넷플릭스 요금제처럼, 집무실을 3일 동안 무료로 체험해본 뒤 해지하지 않으면 회원권이 자동으로 유지되는 방식을 도입한 것입니다.

‘머문 만큼만 지불하세요. 3일 체험 후 판단하세요!’

집무실의 새로운 요금제 메시지는 그 당시 새롭고, 강력한 차별점이 되었습니다.

앞서 말씀드렸던 공간 다이내믹과 맞물려 고객들은 다음과 같은 말들을 퍼트리기 시작했습니다. 큰 위기로 다가왔던 순간을 극복하는 과정에서 얻게 된 값진 이야기들입니다.

“집무실이라는 새로 생긴 공유 오피스가 있는데, 카드 등록해두고 시간 단위로 비용 결제하는 곳이더라고. 3일 무료 체험해보고 결정할 수 있더라.”

“집무실이라는 곳 가봤는데 재밌더라고. 업무 공간 한가운데 바(Bar)가 떡하니 있고, 거기서 오후 3시에는 술을 한잔씩 줘. 에드워드 호퍼 그림에서 영감을 받았다고 하던데…. 그림 제목이 뭐였더라? 아무튼….”

“집무실 한번 가봤는데 이용 방식이 정말 독특해. 체크인 하고 들어가면 아무 자리나 맘대로 선택해서 앉을 수 있어. 르 코르뷔지에의 모듈러라는 개념에서 영감을 받은 거래. 체크아웃 하면 머문 시간만큼만 카드로 청구돼서 편하고 합리적이더라.”

탈피에 가까운 변화, 그리고 그 변화로 인해 파생된 이야기. 우리의 사업적 지표들도 빠르게 개선되기 시작했습니다.

시간 단위 요금제
- 마주한 문제 : "가격이 비싸요."라고 말하는 고객의 속내는 무엇일까?
- 해결책 : 머문 시간만큼만 청구하자. 3일 동안 무료로 체험할 수 있게 하자(HOW).

바이브,
눈에 보이지 않는 것
설계하기

여행 중 방문한 매장들 중에서 유독 기억에 남는 곳이 있을 것입니다. 그곳에서 사 온 것은 하나의 물건이지만, 그 물건을 볼 때 떠오르는 심상은 여러 가지겠지요. 이 중에서도 '눈으로 볼 수 없고, 손으로 만질 수 없는' 무형의 심상들이 생각보다 강렬하게, 오랫동안 기억 속에 머문 경험이 있으실 겁니다.

'매장 문을 열고 들어설 때 청량하게 울려 퍼지던 도어벨 소리(청각), 파는 향수인지 물어보고 싶을 만큼 은은하게 퍼지던 향(후각), 그곳만의 개성이 담긴 직원의 인사말, 대화(청각) 그리고 말로 표현하기 힘든 그들의 분위기…'

이 무형의 감각들이 뒤섞이며 그 매장만의 '바이브(Vibe)'를 만들어냅니다.

저는 앞서 집무실 배경음(BGM)에 대해 설명드린 것처럼, 고객이 자신의 감각적 경험을 그대로 흘려보내지 않게 만드는 것이 중요하다고 생각합니다. 한 번 더 개념(이야기)으로 곱씹을 수 있게 만드는 것이 필요하다고 봅니다. 이때, 만든 이의 철학과 그것을 현실에서 구현해가는 과정까지 함께 이야기로 곁들일 수 있다면 더욱 큰 울림을 줄 수 있다고 생각합니다.

"어? 여기 음악 선곡 좋고 볼륨 크기도 적당하다! 알고 보니 이런 사람들이 이런 생각으로 이런 곡들을 선곡한 거더라고! 운영하면서 이런 일들을 겪는다고 하더라. 우리 회사도 BGM 이슈가 있는 편인데…."

집무실을 시작한 지 2년 정도 지났을 때, 공간 경험을 담당하던 SPX팀에서 우리만의 향이 있으면 좋겠다는 의견을 냈습니다. 입구를 들어서는 순간, 그리고 머무는 동안 특유의

좋은 향이 느껴지고, 그것에 관한 이야기가 회자되면 좋겠다고 생각했습니다. SPX팀을 이끌었던 정형석 CDO는 집무실 전용 향 'Work Lounge Scent'를 출시하며, 다음과 같은 이야기를 인터뷰에서 남겼습니다.

"소설 《잃어버린 시간을 찾아서》의 작가, 프루스트가 어느 겨울날 홍차에 마들렌 과자를 적셔 한입 베어 문 순간, 어릴 적 숙모가 내어주던 마들렌 향의 강렬한 기억이 떠오른 것처럼, 집무실 공간에 들어와 향을 맡았을 때, 일이 잘되는 몰입의 경험을 떠올리면 좋겠다고 생각했어요. 장면적으로는 '햇살이 잘 드는 아늑한 서재'가 머릿속에 그려지면 좋겠다고 생각했습니다. (중략)

머릿속에만 있던 심상을 실제 향으로 구현하는 과정은 결코 쉽지 않았어요. 17년간 교보문고, 파라다이스 호텔, 워커

힐, 포시즌스 등 여러 호텔과 서점의 향을 제작해온 전문가들의 도움을 받기도 했습니다. 먼저, 심상에 맞춰 각 노트를 구성할 계열을 정한 뒤, 30가지의 향 원료를 골라 다양한 조합을 시도했습니다. 각 조합이 완벽하게 발향되는지 확인하기 위해 2주간의 숙성 기간이 필요했죠. 그렇게 탄생한 두 가지 최종 버전의 향은 집무실 고객분들과 팀의 의견을 수렴해서 하나로 결정했어요. 이후 20주의 테스트를 거쳐 지금의 버전이 완성됐습니다."

자신의 감각으로 분명하게 느껴지는 것들의 탄생 배경을 알게 되었을 때, 고객들은 저희 예상보다 더 크게 반응했습니다. 제작 의도와 뒷이야기를 담은 원작자의 코멘터리는 대개의 경우 흥미롭게 다가오기 때문입니다.

꼭 무언가를 밑바닥에서부터 새롭게 만들 필요는 없다고 생각합니다. '왜 우리 매장에는 이런 음악들을 선곡해서 틀고 있는지', '왜 우리 제품의 패키지에는 이런 향이 나도록 처리했는지' 등등 때로는 결과물 그 자체보다도 만든 이의 '의도'와 그가 겪은 '과정'이 더 큰 감흥을 주기도 합니다.

네이밍,
마음에 오래 남는
브랜드명 짓기

'이름을 먼저 정해야하는 거 아닌가?'

브랜드명을 만드는 과정인 '네이밍(Naming)'을 왜 가장 마지막에 다루는지 궁금해하실 분들도 있을 것 같습니다. 저는 네이밍이란, 브랜드의 철학과 앞으로 만들어갈 모든 실체를 하나로 '묶어주는' 단어를 찾는 과정이라고 생각합니다.

이러한 관점에서 저는 BSA를 최대한 탄탄하게 구축한 뒤, 이를 묶어줄 단어를 찾는 편입니다. 내가 추구하는 방향이 명확할수록, 적합한 단어를 '찾을' 확률도 높아진다고 생각합니다. 네이밍을 어렵게 느끼는 분들 중 상당수는 브랜드의 정체성을 명확히 규정하지 않은 채, 어느 순간 번뜩이는 그 무엇이 '찾아올' 것이라 기대합니다. 하지만 언제 찾아올지 모르는 영감을 기다리며 브랜드명부터 정하려 서두르다 보면 오히려 더 막막해지기 쉽습니다.

따라서 저는 BSA 하위 구조의 요소들까지 충분히 고민한 뒤 브랜드명을 위한 단어를 찾아보셨으면 합니다. 좁은 시각에서는 떠올리기 어려웠던 단어들까지 발견할 수 있기 때문입니다. 다만, 현실적인 여건으로 인해 브랜드명을 서둘러 결정해야 하는 상황이라면, 최소한 콘셉트와 에센스 정도는 명확히 정의된 후 이를 묶어줄 단어를 찾아보시길 권합니다.

그렇다면 네이밍의 핵심이라고 말씀드린 '묶어주는' 단어는 어떻게 찾으면 좋을까요? 평소에 제가 즐겨 사용하는 몇 가지 방법을 간략히 소개하겠습니다.

단어 사전

머릿속을 떠다니는 다양한 생각들, 그중에서도 핵심인 에센스와 콘셉트까지 정의했다면 사전을 펼쳐보시는게 가장 기본적이면서도 좋은 방법입니다. 시간이 좀 넉넉하다면 한글, 영어 사전의 1페이지부터 끝까지 훑어가며 낚시하듯 단어들을 탐색해봅니다.

이 경우 무수히 많은 단어를 빠짐없이 검토해볼 수 있다는 장점이 있습니다. 브랜드 집무실 역시 이 방식으로 찾은 경우입니다. 만약 시간이 부족하다면 네이밍 전용 사전을 추천드립니다. 보다 네이밍에 활용하기 좋은 단어들로 정제돼 있어, 시간 절약에 도움을 줍니다. 동일한 뜻의 단어를 다양한 국가의 언어로 동시에 볼 수 있다는 점도 장점입니다. 한글, 영어에 국한될 필요 없이 어감의 선택 폭을 넓혀줍니다.

유의어 사전

사전을 넘기다가 우리를 잘 대변해주는 단어를 발견했는데, 어감이 마음에 들지 않는 경우를 가정해보겠습니다. 이런 경우 유의어 사전을 활용하면 좋습니다. 많은 분들이 아시겠지만 한글의 경우 '네이버 유의어 사전', 영어의 경우 '더소러스(thesaurus.com)'를 저도 즐겨 사용합니다.

'한국펀드파트너스'라는 펀드 사무 관리 전문회사의 브

랜드명을 개발할 때 이 방법을 활용한 적이 있습니다. '한국', '펀드'라는 단어를 확정한 상황에서 회사가 지향하는 가치를 표상하는 단어를 찾아야 했고, 사전에서 발견한 'Mate'라는 단어가 마음에 들었습니다. '고객의 성공을 위해 함께하는 친구 혹은 동료'라는 뜻을 함의한 것 같았기 때문입니다.

하지만 어감이 너무 캐주얼한 느낌이라 유의어 사전을 추가로 살펴보았고, 'Partner'라는 단어가 눈에 들어왔습니다. 고객과 대등한 포지션의 전문가로 일하겠다는 의지를 담을 수 있는 단어라고 생각했습니다. 무엇보다 어감이 익숙하고, 나름의 전문적인 느낌도 갖고 있다고 판단했습니다.

워드 파인드

뜻보다 어감을 우선시할 때 활용할 수 있는 방법입니다. 때로는 뚜렷한 이유를 댈 수 없지만, 내가 만드는 브랜드의 이름은 '브(B)' 혹은 '드(D)'와 유사한 발음으로 시작했으면 좋겠다라는 생각이 들 때가 있습니다. 실제로 '블림프(Blimp)'라는 브랜드를 만들 때, 고객사는 이와 같은 요청을 해왔습니다.

원하는 발음을 우선적으로 충족하되, '감도 높은 공간 경험을 돕는' 고객사의 서비스를 함의할 수 있는 단어들을 찾기 시작했습니다. 이런 경우에 요긴하게 활용할 수 있는 도구로 한글의 경우 '워드 로우(wordrow.kr)', 영어의 경우 '워드 파인드(wordfind.co.kr)' 같은 서비스를 꼽을 수 있습니다.

단순히 'B'로 시작하는 단어 외에도, 'Bli'로 시작하는 단어 혹은 'mp'로 끝나는 단어 등 상세한 조건을 설정할 수 있어서 더욱 유용합니다. '소형 비행선'이라는 뜻을 가진 단어 'Blimp'는 어감과 뜻을 모두 충족하는 단어였습니다.

시와 가사

어느 나라든 시와 노래 가사에는 그 나라의 가장 아름다운 말들이 응축되어 있습니다. 그것들을 살피다 보면 나의 브랜드와 맥이 닿아 있는 단어를 발견하는 행운을 맛보기도 합니다.

이마트의 제주산 소주 브랜드 개발 프로젝트를 맡게 되었을 때, 저는 '제주도, 밤바다, 여행, 낭만 등' 강력한 에센스들을 떠올렸습니다. '한잔 기울일 때만큼은 제주도(WHERE)가 떠오르게 만드는 소주'라는 컨셉 한 줄까지 작성한 뒤, 시 낭송 커뮤니티를 둘러보기 시작했습니다. 수많은 아름다운 시들 가운데 '푸른밤'이라는 단어를 보게 되었고, 대중가요인 '제주도의 푸른밤' 노래까지 흥얼거리는 스스로를 발견했습니다.

망설임없이 '푸른밤'이라는 시안을 첫 미팅에서 제안했고, 이후 100여 개에 달하는 후보명이 추가로 거론되었지만, 최초의 안이 최종 브랜드명으로 확정되었습니다.

콘셉트를 단어로 줄이기

앞서 말씀드렸듯이 저는 브랜드를 만들 때 콘셉트를 가장 먼저 만드는 편입니다. 콘셉트에는 만드는 사람의 수많은 생각들이 이미 집약되어 있습니다. 따라서 브랜드명의 단서도 녹아 있을 확률이 매우 높습니다. 저 역시 콘셉트에 집중해서 적절한 단어를 추출해보는 시도를 즐겨 하는 편입니다.

예를 들어, '만약 세종대왕(WHO)이 지금까지 살아계시다면 어떤 장소를 만들어두고 고기를 즐기셨을까?'라는 한 줄의 콘셉트에서 인물을 지칭하는 단어들(왕, 세종, 이도, 대왕)을 꼽아보고, 장소를 지칭하는 단어들(살롱, 아지트, 별장, 맨션, 키친)을 떠올려보는 식입니다. 추출된 단어를 조합하고 변형하다 보면, 영점 조절이 잘된 브랜드명이 완성될 가능성이 높습니다.

이와 같은 과정 끝에 묶어줄 단어를 찾았다고 하더라도, 이를 곧바로 상표로 등록하는 것은 쉬운 일이 아닙니다. 특히 일반 명사라면 식별력 등의 이유로 배타적 권리를 인정 받기 어려운 경우가 대부분입니다.

따라서 보통의 경우 묶어줄 단어를 찾고 나면 이를 살짝 변형하거나 다른 단어와 조합해보는 과정을 거칩니다. '맨션'의 한 글자를 '맨숀'의 형태로 비틀어본다거나, 앞서 말씀드린 방법을 통해 새로운 수식어를 찾은 뒤 앞뒤로 붙여보는 식의 조합을 해볼 수 있습니다. 그야말로 만드는 사람의 구미에 맞게 다양한 시도를 해봄으로써 우리 브랜드만의 식별력을 확보해가게 됩니다.

　　브랜드 집무실의 경우 조금 특수한 경우인데, 브랜드명이 일반 명사이다 보니 상표로 등록하는 것이 쉬운 상황은 아니었습니다. 하지만 운 좋게도 상표가 '한자 + 영어'로 조합된 형태이다 보니 디자인 식별력을 확보할 수 있었고, 상표 등록까지 가능하게 되었습니다. 비슷한 경우로 GS리테일의 온라인 푸드 서비스 브랜드를 개발할 때, '당신의 일상에 미식을 담습니다.'라는 콘셉트를 만들었던 적이 있습니다.

　　이 콘셉트에서 단어를 추출해 '미식 일상'이라는 브랜드명을 만들었고, 일반 명사 간의 '조합'이라 상표로 등록할 수 있었습니다. 일반 명사라고 해서 상표로 등록하는 것이 아예 불가능한 것은 아니니 전문가인 변리사님과 상의해보시는 것을 권합니다.

최종 평가 해보기

　　최종적으로 최종 브랜드명 후보가 몇 개 좁혀졌다면, 평가도를 해보면 좋습니다. 그동안 브랜드를 함께 고민해온 사람들과 주변 지인들에게 솔직한 의견을 구하는 것도 도움이 됩니다.

　　단, 정교한 질문이 정교한 반응을 이끌 수 있기에 아래 네이밍 업계에서 그간 많은 전문가들이 활용해 온 평가 항목들을 참고하면 좋을 것 같습니다.

- Appearance : 브랜드명 자체가 시각적으로 보기 좋은가?
- Distinctive : 경쟁사 대비 차별점 혹은 특수성이 있는가?
- Depth : 장기적 관점으로 봤을 때 우리의 목표를 반영하는 깊이가 있는가?
- Humanity : 브랜드만의 인간적인 성격이 묻어나는가?
- Positioning : 추구하는 포지셔닝에 가까운가?
- Sound : 듣기 좋은 어감인가? 발음하기 어렵지 않나?
- Energy : 특유의 에너지가 느껴지나?
- Viral Effect : 사람들에게 이야깃거리를 제공하는가?
- Trademark : 로고로 만들기에 적합한가?

STEP 4.

BSA 실전 연습: 가상의 브랜드 만들어보기

이번 스텝에서는 몇 가지 가상의 브랜드를 처음부터 함께 만들어보는 시간을 가져보도록 하겠습니다.

우리가 주변에서 흔히 볼 수 있는 업종 중에 몇 개를 골라보았습니다. 여러분이 이 브랜드의 이야기를 설계한다면 어떻게 할지 BSA를 먼저 채워보세요. 그다음에는 제가 예시로 아이디어를 발산해보겠습니다.

결과물의 완성도보다는 아이디어를 발산하는 '과정' 자체를 열린 마음으로 즐겨보는 시간입니다.

'누가(WHO)?'로
카페 브랜드
이야기 만들기

브랜드명

_____

_____

_____

콘셉트

_____

_____

_____

에센스

_____

_____

_____

파사드

_____

_____

_____

존 & 미장센

- 스타일

- 인물

바이브

- BGM

- 직원

카페를 오픈한다고 가정해보겠습니다.

먼저 여러분이 BSA를 채워보면 좋을 것 같아서 앞에 탬플릿을 제시해봤습니다. 아마도 막막하실 겁니다. 처음부터 이 빈칸을 스스로 채우기는 누구나 어렵죠.

우선 제가 먼저 아이디어를 발산해보겠습니다. 어디까지나 저의 의견이니, 여러분은 저의 가이드를 참고만 하시며 자기 나름의 아이디어로 변주해보기 바랍니다.

콘셉트 – 파사드 설계

커피를 로스팅하는 방법에 있어서 우리만의 차별적인 기술을 강조해볼 수도 있을 것이고(HOW), 우리 카페가 왜 다른지 '수식어'를 규정해 볼 수도 있을 것입니다(WHAT).

하지만 아쉽게도 저는 바리스타가 아니라서, 어설프게 이런 방향을 시도하는 것은 무리라는 생각이 들었습니다. 오히려 역사 속 커피를 사랑했던 인물들을 찾다 보면 뭔가 단서가 보이지 않을까 막연한 기대를 가져봅니다.

찾다 보니, 발자크(Honoré de Balzac)라는 인물이 눈에 띕니다. 프랑스 소설가이자 극작가였던 그는 하루 50잔 이상의 커피를 마셨다고 전해질 정도로 커피를 사랑했다고 하네요. 이 정도면 사랑을 넘어 중독이라는 생각이 듭니다. 밤샘 창작을 위해 카페인을 연구하고, 커피의 종류와 추출법에 대한 분석글도 남길 정도였다고 하니, 이 인물을 중심에 둔 브랜드를 만들 수도 있지 않을까 싶습니다.

하지만 아쉽게도 이미 저와 비슷한 생각을 한 사람이 캐나다에도 있었군요. 1996년에 '발자크 커피 로스터(Balzac's Coffee Roasters)'가 그들의 첫 번째 매장을 캐나다 온타리오에 오픈합니다.

그럼, 이렇게 생각을 바꿔보면 어떨까요?

'한 인물에 의존하기보다는 발자크처럼 커피에 남다른 애정을 보였던 이들을 한데 어우르는 콘셉트를 만들어 보면 어떨까?'

이 발상을 구체화하여 한 줄 콘셉트를 적어봅니다.

▪ 콘셉트 : 죽어서도 커피를 찾을 그들(WHO)을 위해 만든 카페

좀 어처구니없다고 핀잔받을 수도 있겠지만, 커피를 광적으로 사랑했던 역사 속 인물들의 독특한 커피 취향을 현대적 감각으로 재해석해 소개하는 브랜드라면, 할 이야기가 참 많겠다는 생각이 들었거든요.

단순히 그들의 커피 이야기를 재현하는 데 그치지 않고, '커피 홀릭인 그들이 사후에 이곳을 찾는다면 어떤 감동을 선물할까?'를 고민하며 브랜드를 만드는 것이죠.

이렇게, 콘셉트 아래에 파사드도 완성해봅니다.

▪ 파사드 : 커피를 광적으로 사랑했던 역사 속 인물들의 독특한 커피 취향을 현대적 감각으로 재해석해 소개하는 브랜드. 단순히 그들의 커피와 관련된 이야기를 재현하는 것을 넘어, 커피 홀릭인 그들이 사후에 이곳을 찾는다면 어떤 감동을 선물할지 고민하며 만든 브랜드

메뉴 설계하기

역사 속 커피 마니아들의 취향을 현대적으로 재해석하는 카페 브랜드로 콘셉트, 파사드를 설계했다면 이제 메뉴로 넘어갈 차례입니다.

예를 들면, 그들이 즐겼던 아래 메뉴들을 뼈대로 하되, 커피 전문가에게 의뢰하여 약간의 변주를 가미할 수 있을 것입니다.

브랜드 스토리를 담은 메뉴 소개글

죽어서도 커피를 찾을
그들(WHO)을 위해 만든 카페

메뉴 ①

커피 홀릭, 발자크 무한의 커피
'N잔의 커피, 창작에 불을 지피다'

- 평생 70여 편의 소설과 여섯 편의 희곡을 남긴 발자크. 보통 작가의 열 배가 넘는 작품을 창작한 그의 두 손에는 늘 펜과 커피잔이 들려 있었습니다.
- 그가 이렇게까지 하드 워커였던 것은 소질 없는 사업을 하느라 생긴 빚을 갚아야 했기 때문입니다.
- 이유는 다소 서글프지만 오늘 N잔, 무한의 커피가 필요하신 분이라면 발자크의 커피를 추천합니다. 머무는 동안 커피 무제한 제공.

메뉴 ②

쿠토 스타일 커피
'계란컵 모양 도자기에 담긴
보리수 젤라토와 함께'

- 1686년 프로코피오 쿠토(Procopio Cutò)가 만든 파리 최초의 카페(Café Procope)는 프랑스를 커피 마시는 사회로 만들었습니다.
- 이 카페는 특히 루이 14세로부터 왕실 라이센스를 받은 '젤라토'가 유명했는데요. 보리수, 아니스 꽃 등으로 만든 맛이 일품이었다고 합니다.
- 계란 컵모양 도자기에 제공되었다는 이 젤라토와 커피 한 잔을 곁들여보세요.

메뉴 ③

베토벤의 60알 커피
'60알 원두를 직접 갈아 추출한 완벽한 밸런스'

- 베토벤(Ludwig van Beethoven)은 하루도 빠짐없이 커피를 마셨으며, 한 잔당 60개의 커피콩을 직접 세어 내려 마시는 습관이 있었습니다.
- 완벽한 커피 한 잔을 위해 철저히 기준을 지켰으며, 이는 그의 음악적 완벽주의와도 연결됩니다.
- 바리스타 눈앞에서 60알을 정확히 세어 내려드리는 이 완벽한 맛의 밸런스를 경험해보세요.

메뉴 ④

바흐의 칸타타 커피
'아버지, 제발 제게 커피를!'

- 바흐(Johann Sebastian Bach)는 커피를 너무나도 사랑한 나머지 '커피 칸타타 BWV 211'이라는 곡을 작곡합니다.
- 당시 유럽에서는 커피가 여성들에게 부정적인 영향이 있다는 편견이 있었으나, 바흐는 커피를 옹호하는 가사를 과감히 삽입합니다.
- '천 번의 키스보다도 달콤하고, 무스카텐 술보다도 부드러워.'라는 그의 가사를 닮은 칸타타 커피를 즐겨보세요.

메뉴 ⑤

나폴레옹의 워털루 커피
'워털루에서도 커피는 계속된다!'

- 나폴레옹(Napoléon Bonaparte)은 커피가 정신을 맑게 하고, 집중력, 지능, 창의력을 향상시키며, 신체를 활력 있게 만든다고 믿었습니다.
- 그는 하루 종일 커피를 마시며, 특히 저녁 식사 후에 체스를 두고 난 후 커피를 즐겼습니다. 심지어 유배지인 세인트헬레나 섬에서도 커피를 계속 마셨습니다.
- 그의 운명을 갈랐던 워털루 전투에서도 커피는 어김없이 계속되었습니다.
- 전투력 상승이 필요한 하루라면 에너제틱 나폴레옹 워털루 커피를 시도해보세요.

공간 분위기 계획하기

공간 경험 측면에서는 현대적 감각으로 재해석한 요소들을 녹여볼 수 있을 것 같습니다. 개인적으로 '재해석'이라는 작업은 '과거의 유산 중 무엇을 살리고, 무엇을 버릴 것인가를 결정하는 일'이라고 생각하는데요. 역사 속 커피 홀릭들이 이곳을 방문했을 때 감동을 주어야 하기 때문에, 그들 눈에 익숙한 것을 어느 정도는 남기되, 새로움을 던져주어야 한다고 생각합니다.

이와 같은 맥락에서 우선, 공간을 디자인할 때는 그 당시 유명했던 커피하우스들에서 단서를 찾아볼 수 있습니다. 예를 들면, 당대의 지성인과 예술가들의 아지트였던 오스트리아 빈의 카페 '센트럴(Café Central)'의 그 유명한 천장 궁륭(Vault)을 핵심 모티브로 뽑아서 이를 디자인에 활용할 수 있겠죠.

대리석의 질감과 궁륭을 감싸는 색감을 키 컬러(Key color)로 추출해 사용해보는 것도 추천합니다. 모티브와 색감을 남기되 나머지 요소들은 지금의 우리 감각에 익숙한 디자인들로 채웁니다.

카페 센트럴 외에도 유럽에는 이와 유사한 공간이 많으니 지점 확장 단계가 오면 적절히 활용해볼 수 있을 것 같습니다. 앞서 언급한 파리의 '르 프로코프(Le Procope)'라든지 런던의 '로이드 커피 하우스(Lloyd's Coffee House)' 같은 곳도 후보가 될 수 있겠네요. 공간 한편에 커피 홀릭 저마다의 명언과 일화를 명예의 전당 명판같이 장식하는 것도 소소한 재미가 됩니다.

BGM 설정하기

공간에 흘러나오는 음악의 경우에는 가능하면 20세기 이후의 음악들을 선곡하면 좋겠습니다. 지나치게 몇백 년 전 역사 내음만 가득한 곳이면 지루할 수도 있을 테니까요.

이왕이면 커피와 관련된 노래면 좋겠습니다. 개인적으로 좋아하는 밴드 블러(Blur)의 〈Coffee & TV〉는 꼭 넣고 싶습니다. 역사적 인물들이 90년대 브릿팝을 듣고는 '이게 요즘 커피 감성이군!' 하고 좋아한다고 상상하면서요.

그 외의 곡들은 챗지피티(Chat GPT)의 도움을 받기도 합니다. 한 곡 한 곡 들어보며 마음에 드는 곡들을 선별해봅니다. 오티스 렌딩(Otis Redding)의 〈Cigarettes and Coffee〉, 세르쥬 갱스부르(Serge Gainsbourg)의 〈Couleur Café〉, 밥 딜런(Bob Dylan)의 〈One More Cup of Coffee〉 같은 곡들이 마음에 드네요.

직원 유니폼 정하기

이곳에서 직원들의 역할은 특히 중요합니다. 인물별 음용법과 이야기 전달의 핵심 주체이기 때문입니다. 직원들을 위한 TOV(Tone of Voice) 가이드도 별도로 마련합니다. 유니폼의 경우 1950년대 프랑스 카페 서버들이 주로 착용했던 앞치마와 베스트, 그리고 나비넥타이만 공통 요소로 정해서 제작해봅니다.

브랜드명 정하기

이제 지금까지 정한 모든 요소를 묶어줄 브랜드명을 지을 차례입니다. 고민 끝에 '커피 하우스(Coffee House)'보다는 요즘 느낌이 나는 '커피 소사이어티(Coffee Society)'라는 단어를 사용해봤습니다.

Afterlife Coffee Society (aka. A.C.S)
죽어서도 커피를 찾을 그들을 위해 만든 카페

Afterlife Coffee Society (aka. A.C.S.)

죽어서도 커피를 찾을 그들을 위해 만든 카페

- 커피를 광적으로 사랑했던 역사 속 인물들의

독특한 커피 향을 현대적 감각으로 재해석해 소개하는 브랜드

- 단순히 그들의 커피와 관련된 이야기를 재현하는 것을 넘어,

커피 홀릭인 그들이 사후에 이곳을 찾았을 때

어떤 감동을 선물할지 고민하며 만든 브랜드

▪ 메뉴

- 발자크 무한의 커피

- 쿠토 스타일 커피

- 베토벤의 60일 커피

- 바흐의 칸타타 커피

- 나폴레옹의 워털루 커피

244

- 인테리어

  - 1686년 파리 최초의 카페 '르 프로코프'의 인테리어를 현대적인

    감각으로 재해석

  - 비엔나의 '카페 센트럴'이나 런던의 '로이드 커피 하우스'

    등으로 변주

  - 명예의 전당 명판: 각 인물의 명안과 커피에 대한 일화

바이브

- BGM : 커피와 관련된 음악

  - 밥 딜런, 〈One More Cup of Coffee〉

  - 블러, 〈Coffee & TV〉

  - 오티스 렌딩, 〈Cigarettes and Coffee〉

  - 세르주 갱스부르, 〈Couleur Café〉

- 직원

  - TOV : 인물별 음용법과 이야기 전달의 핵심 역할

  - 유니폼 : 전통 복식을 재해석하되,

    현장에서의 가능성에 초점을 맞추기

'언제(WHEN)?'로
인테리어 브랜드
이야기 만들기

브랜드명

_____

_____

_____

콘셉트

_____

_____

_____

에센스

_____

_____

_____

파사드

_____

_____

_____

존 & 미장센

- 스타일

- 인테리어

바이브

- BGM

- 직원

인테리어 회사를 창업한다고 가정해보겠습니다.

소위 '용역업'이라 불리는 업종에서는 고객의 요구 사항을 충실히 반영하는 것이 가장 중요한 요소로 여겨지곤 합니다. 고객마다 상황과 취향이 다르다 보니, 이를 얼마나 정확히 파악하고 적절한 해결책을 내놓을 수 있는지가 회사의 경쟁력으로 평가되는 것이죠. 일견 타당한 관점이라고 생각합니다.

하지만 고객의 목소리에만 지나치게 집중하다 보면, 오히려 일이 꼬이는 경우가 많습니다. 고객의 머릿속을 헤아리느라 지쳐가는 팀원들, 주도적으로 방향을 제시하지 못하는 전문가에게 점점 신뢰를 잃어가는 고객, 늘어져가는 프로젝트 기간….

결국 아무도 만족하지 못한 채 관계를 정리하게 되는 경우가 발생합니다. 송사로 이어지지 않으면 다행이죠. 이런 용역업에서야말로 자신만의 브랜드가 필요하다는 생각이 듭니다.

실제로 최근 들어 비슷한 고민을 하는 인테리어 혹은 공간 디자인 회사들이 늘어나고 있는 것 같습니다. 우리만의 방법론과 스타일이 확실하다면, 이를 알아보는 고객들에게 더 매력적으로 다가갈 수 있을 것입니다. 결과적으로 고객을 능숙하게 이끌며 서로가 원하는 결과물을 만들 확률도 높아지겠죠. 우리만의 콘셉트가 뚜렷한 브랜드를 만들어봅시다.

콘셉트 – 파사드 설계

가장 안정적인 수요가 있는 화이트 인테리어를 전문으로 하는(WHAT) 브랜드를 만들어 볼 수도 있을 것 같습니다.

흰 티셔츠 하나만 전문적으로 취급하는 일본의 '#FFFFFFT'라는 브랜드처럼 화이트 인테리어의 끝판왕으로 포지션을 잡아보는 것도 흥미로울 것 같네요. "화이트는 누구나 쓸 수 있지만, 아무나 잘 다룰 수 없다!"라고 다소 도발적으로 선언하며, 주변 색감, 조명, 소재의 질감, 공간의 크기에 따라 세밀한 조율이 필요하다는 사실을 콘텐츠로 풀어갈 수 있을 것 같습니다.

황변과 오염, 미세 균열 등 유지 보수에 대한 노하우를 지속적으로 다루는 것도 전문성을 드러내는 하나의 방법일 수 있겠네요. 화이트와 빛을 유려하게 다루었던 리처드 마이어(Richard Meier)와 같은 대가들의 작업을 소개하는가 하면, 그들의 작품에서 영감을 받은 우리만의 공법과 이야기를 고객에게 들려줄 수도 있습니다.

개인적으로 저는 1960년대 디자인을 참 좋아합니다. 20세기 초, '데 스테일(De stijl)'과 '바우하우스(Bauhaus)'를 필두로 등장한 미니멀 디자인에 '인간적인' 요소가 가장 풍부하고 다양하게 접목된 시기가 1960년대라고 생각하기 때문입니다. 지극히 주관적인 생각이지만요.

1960년대 미국과 유럽에서 유행했던 인테리어, 가구, 제품, 그래픽 디자인, 건축 등에 대한 연구를 바탕으로 자신만의 스타일을 선보이는 공간 디자인 연구소로 정체성을 확립해 나간다면, 나름 차별화된 브랜드를 만들 수 있겠다는 생각이 듭니다.

물론 한 시대에 국한된 스타일을 선보인다는 것이 부담일 수도 있으나, 짧게는 10년, 길게는 앞뒤 5년의 과도기를 포함하면 20년에 가까운 시간입니다. 결코 짧은 시간이 아니죠. 이 시대를 풍미했던 수많은 아카이브를 재해석하는 인테리어 전문 브랜드를 만들기로 결정합니다. 콘셉트 한 줄을 적어봅니다.

- 콘셉트 : 1960년대를(WHEN) 애정하고 연구하는 공간 디자인 랩
- 파사드 : 1960년대에 미국과 유럽에서 유행한 인테리어, 가구, 제품, 그래픽 디자인, 건축 등에 대한 연구를 바탕으로 자신만의 스타일을 선보이는 공간 디자인 연구소. 1910년대에 등장한 미니멀리즘이 인간화의 정점에 다다른 시기가 1960년대라고 생각하는 집단.

대표 스타일 정하기

콘셉트가 정해졌으니 이제 우리의 대표 스타일을 정의

해보면 좋을 것 같습니다.

우선 주력으로 다룰 '주거' 분야의 경우 1960년대 미국의 아이코닉 스타일이라고 할 수 있는 '아이클러(Eichler)' 주택을 모티브로 해보면 좋겠습니다. 캘리포니아 모던으로도 알려진 이 스타일의 구조적인 특징인 유리벽, 기둥과 보, 개방형 평면을 차용합니다. 바닥에서 천장까지 이어지는 대형 창문과 미닫이문도 적절히 사용해봅니다. 막힘이 없는 시원한 인상을 줄 것입니다.

여기에 당시 유행했던 플라스틱, 유리섬유, 루사이트와 같은 펑키한 소재와 목재, 금속, 대리석과 같은 자연 소재를 적절히 섞어 마감재 또는 붙박이 가구로 활용합니다. 오늘날의 신소재를 접목해보는 것도 우리만의 개성을 구축하는 데 유의미한 시도가 될 것입니다. 일부 공간에는 과감한 컬러를 사용해 생동감을 더할 수도 있습니다.

특별판으로 아이클러 스타일에 지대한 영향을 미쳤던 '유소니언(Usonian) 스타일'을 선보일 수도 있습니다. 조셉 아이클러(Joseph Eichler)는 마흔세 살에 자신이 운영하던 달걀 도매 사업을 매각한 뒤 새로운 일을 구상하던 중, 잠시 어떤 집을 임차해서 머물게 됩니다. 바로, 그 유명한 프랭크 로이드 라이트(Frank Lloyd Wright)가 설계한 유소니언 스타일의 주택이었죠.

자연에 유기적으로 뿌리를 두면서도 일반인들이 부담 없이 사용할 수 있는 공평하고 효율적인 디자인이었던 이 유소니언 스타일은 아이클러에게 깊은 영향을 미쳤습니다. 따뜻한 나무 질감이 돋보이는 이 스타일은 비록 1940~1950년대에 유행했지만 위와 같은 연관성 덕분에 우리의 포트폴리오에 포함하는 것이 무리는 아니라고 생각합니다.

1960년대를 풍미했던 인물들의 대표 작품을 개별 스타일로 상품화하는 것도 가능할 것입니다. 예를 들면 자연과 인공의 조화와 균형이 돋보이는 임스(Eames) 부부의 집이나, 에로 사리넨(Eero Saarinen)의 철학이 집약된 '밀러 하우스(Miller House)'를 모티브로 우리만의 재해석을 더할 수 있을 것입니다.

플로렌스 놀(Florence Knoll)이 자신의 쇼룸에서 선보였던 실내 공간의 미학을 오늘날의 스타일로 풀어보는 것도 방법입니다. 무엇보다 이 모든 이야기들이 고객들에게는 우리 브랜드에 대한 몰입과 호감을 높이는 장치로 역할을 할 것입니다.

회사 내부 인테리어

한편, 미팅을 위해 고객들이 우리 오피스를 방문할 때 강렬한 인상을 주는 것도 매우 중요하다고 생각합니다. 1960년대를 애정하고 연구하는 회사의 업무 공간인만큼 그 시대의 분위기를 물씬 풍기면 좋을 것 같습니다.

1960년대 광고 업계를 배경으로 한 드라마 〈매드맨(Mad Men)〉에 등장하는 오피스 스타일을 구현해보기로 합니다. 월넛, 티크 등 원목을 활용한 책상과 수납장을 직접 제작해서 배치해보는 것이지요. 혹시라도 오피스 프로젝트를 맡게 되면 우리가 만든 제품을 납품할 수도 있으니까요.

드라마의 주인공 돈 드레이퍼(Don Draper)의 방처럼 벽면에 짙은 원목 패널을 활용하고, 가구에 베이지 & 오렌지 색감을 넣어 빈티지한 감각을 더해보기도 합니다. 1960년대를 빛냈던 조 콜롬보(Joe Colombo)와 같은 디자이너들의 조명과 제품으로 포인트를 줍니다. 오피스의 BGM과 향도 살뜰히 챙깁니다.

데이브 브루벡(Dave Brubeck)의 〈Take Five〉 같은 음악이 흐르고, 빈티지 바 카트에서 위스키 한 잔을 고객에게 대접할 수도 있을 것입니다. 윈스턴 처칠(Winston S. Churchill)이 애용했던 향 'Tabarome Millésime'이 첫 대화의 물꼬를 부드럽고 은은하게 터줄 것이라 기대합니다.

오피스를 방문한 고객이 1960년대를 흥미롭게 바라보는 데 도움을 주는 것들로 빼곡히 채웁니다. 이것들을 매개로 고객과 이야기를 나누는 것이 중요하니까요.

브랜드명 정하기

이 모든 요소를 묶어줄 브랜드명도 큰 고민 없이 결정해 봅니다. 이번에는 직관적인 단어의 조합이면 좋겠습니다.

60 LAB (식스티 랩)
1960년대를 애정하고 연구하는 공간 디자인 랩

60 LAB

1960년대를 애정하고 연구하는 공간 디자인 랩

- 1960년대에 미국과 유럽에서 유행한 인테리어,

  가구, 제품, 그래픽 디자인, 건축 등에 대한 연구를 바탕으로

  자신만의 스타일을 선보이는 공간 디자인 연구소
- 1960년대에 등장한 미니멀리즘이 인간화의 정점에

  다다른 시기가 1960년대라고 생각하는 집단

▪ 스타일

- 우소니언 스타일 '1960년대 스타일의 뿌리를 FLW에서 찾다.'
- 아이클러 스타일 '1960년대의 아이코닉 스타일'
- 스칸디나비아 스타일 '1954년 브루클린 전시회가 미국에 준 영향'
- 매드맨 모던 스타일 '1960년대 오피스의 숨결이 느껴지는'

- 인물

- 임스 부부의 집 '자연과 인공의 조화와 균형에 대해'

- 밀러 하우스 '에로 사리넨의 철학'

- 플로렌스 놀의 색 '색채에 대한 그의 생각에 경의를'

- 본사 인테리어 : 매드맨의 모던 오피스, 1960 홀릭들의 작업 공간

• 바이브

- 본사 BGM

- 데이브 브루벡, 〈Take Five〉

- 마일스 데이비스, 〈So What〉

- 찰리 빌드, 〈Meditation〉

- 듀크 엘린턴, 〈Take the 'A' Train〉

- 퀸시 존스, 〈Soul Bossa Nova〉

- 본사 향

- 쓰르 투루통 'Ernesto'

- 크리드 'Tabarome Millésime'

- 직원 스타일

- 욕심은 난다. 하지만 이건 회사 재량의 문제다.

'어떻게(HOW)?'로
뷰티 브랜드
이야기 만들기

브랜드명

_____

_____

_____

콘셉트

_____

_____

_____

에센스

_____

_____

_____

파사드

_____

_____

_____

▪ 디자인

_____

_____

_____

▪ 제품

_____

_____

_____

바이브

▪ 향

_____

_____

_____

▪ 기타

_____

_____

_____

뷰티 브랜드를 만든다고 가정해보겠습니다.

저는 콘셉트를 만들 때, 기능이 중요한 제품일수록 극한의 상황을 가정해보는 편입니다. 예를 들어 선크림의 경우, 다음과 같은 질문을 던져볼 수 있습니다.

"자외선을 비롯해 피부에 가장 해로운 환경을 인간이 경험하는 순간은 언제일까?"

콘셉트 – 에센스 – 파사드 설계

질문을 던진 후, 머릿속에 가장 먼저 떠오른 것은 우주였습니다. 실제로 NASA에 따르면, 인간은 지구의 보호 자기장 밖에서 자외선을 비롯해 다양한 형태의 유해 방사선에 노출된다고 합니다.

예를 들어, 우주 비행사가 국제우주정거장(ISS)에서 6개월간 체류할 경우 약 110mSv의 방사선을 받으며, 단 10일간 머물러도 10mSv의 방사선에 노출됩니다. 참고로 국제선 여객기 승무원의 연간 피폭선량이 3~6 mSv 수준이라는 점을 고려하면, 우주의 환경이 얼마나 가혹한지 실감할 수 있습니다.

이처럼 극한의 환경에서 우주 비행사들을 보호하기 위해 NASA를 비롯한 다양한 기관들은 지속적으로 연구를 진행 중인 것으로 보였습니다. 이 가운데, 저는 멜라닌(Melanin)

에 대한 연구가 특히 흥미로웠습니다. 연구진은 인체가 자연적으로 생성하는 멜라닌 색소에서 방사선 보호의 단서를 찾고 있었습니다. 자외선을 99.9%까지 흡수할 수 있는 멜라닌은 유멜라닌(Eumelanin)과 페오멜라닌(Pheomelanin)이라는 두 가지 주요 형태로 나뉘는데, 특히 페오멜라닌은 유멜라닌보다 훨씬 더 효율적으로 엑스레이(X-ray)를 흡수하는 것으로 확인되었습니다.

연구진은 여기에 착안해, 페오멜라닌의 유황(Sulfur)을 암 예방 효과가 있는 것으로 알려진 셀레늄(Selenium)으로 대체했습니다. 이를 통해 자연계에 존재하지 않던 새로운 멜라닌 형태인 '셀레노멜라닌(Selenomelanin)'을 개발하는 데 성공했죠. 현재 연구진은 이 셀레노멜라닌을 피부 보호용 국소 물질로 활용하는 방안을 구상 중인 것으로 보입니다.

저는 여기까지 읽은 뒤 콘셉트를 한 줄 적어보았습니다. 그리고 이 콘셉트를 접한 고객들의 머릿속에 에센스, 파사드도 이어서 떠올랐으면 합니다.

- 콘셉트 : 우주 비행사를 위해 개발된 셀레노멜라닌으로 만든(HOW) 슈퍼 자외선 차단제
- 에센스 : NASA 우주 비행사. 엄혹한 환경에 대응. 초강력 보호 기능. 피부 색소로 만든.
- 파사드 : NASA의 우주 비행사들은 지구의 보호 자기장 밖에서 강력한 자외선과 방사선에 직접 노출된

다. 이를 대비하기 위해, 인체에 존재하며 자외선을 99.9% 차단하는 페오멜라닌의 일부 구성 요소를 암 예방에 중요한 역할을 하는 셀레늄으로 대체해 셀레노멜라닌을 개발했다.

존 - 미장센 – 바이브

이와 같은 컨셉의 연장선에서 BSA 하위 요소들도 기획해봅니다.

우주 비행사들이 사용하는 장비의 느낌을 살려 알루미늄 튜브 재질로 용기를 만들고 원터치 캡을 적용해보면 재밌을 것 같습니다. 포장용 박스의 경우 서바이벌 키트(Survival Kit)를 모티브로 제작해보면 좋겠습니다.

흥미로운 이야기가 가득한 NASA의 미트볼(Meatball), 웜(Worm) 로고도 심볼로 활용해보면 좋을 것 같습니다. NASA는 사용처가 자신들의 설립 취지에 크게 벗어나지 않을 경우 브랜드 라이센싱에 비교적 관대한 편이라 도전해볼 만하다고 생각합니다.

라이선스 획득 여부와는 별개로 1959년 제임스 모다렐리(James Modarelli)에 의해 개발된 미트볼 로고의 컬러 팔레트는 라벨 디자인에 적극 활용하면 좋겠습니다. 한정판 제품도 시리즈로 발매해볼 수 있을 것입니다.

아폴로 미션에서 영감을 받은 레트로 감성 패키지 '아

폴로(Apollo) 에디션', NASA 역사상 가장 오랜 기간 임무를 수행한 전설을 기리며 만든 '존 영(John Young) 에디션', 우주에서 878일, 누적 체류시간 신기록을 기록한 올렉 코노넨코(Oleg Kononenko)의 업적을 기념하는 '코노넨코 에디션' 등을 관련 이야기와 함께 소개할 수 있을 것입니다.

2025년 상용화를 앞둔 세계 최초의 우주 라운지 '넵튠(Neptune)'을 모티브로 팝업 스토어를 운영해보는 것도 가능하죠. 넵튠의 가상 창을 통해 자외선이 들어오고, 우리 제품의 자외선 차단력을 체험할 수 있게 구성하면 좋겠습니다.

또한 NASA의 연구에 따르면 우주 공간은 '불에 탄 스테이크, 금속, 라즈베리' 향과 유사한 냄새를 풍긴다고 하는데, 이를 향수로 만들어 공간 한편에 배치하는 것도 좋겠네요.

우주 비행사들이 실제로 먹는 '우주식'에서 영감을 받은 메뉴를 제공해도 재밌을 것 같습니다. 1961년 4월 12일, 인류 최초로 우주 비행에 성공한 유리 가가린(Yuri Gagarin)이 좁은 좌석에 앉아 지구를 감상하며 즐겼던 초콜릿 디저트를 재현해본다거나, 우주에서 최초로 빵을 먹었던 존 영의 최애 메뉴를 선보여도 좋을 것 같습니다.

1965년 제미니 3호에 탑승했던 존 영은 콘비프 샌드위치를 챙겨 갔었는데, 빵 부스러기가 전기 패널에 화재를 일으킬 수 있어, 이후 수십 년간 빵이 비행 메뉴에서 금지되었다고 합니다. 사연 많은 이 콘비프 샌드위치를 재현해서 고객들이 맛볼 수 있다면 잊지 못할 경험이 될 것입니다.

브랜드명 정하기

설정한 모든 요소를 묶어줄 브랜드명도 결정해봅니다. 우주 비행사를 뜻하는 'Astronaut'의 앞 글자와, 보호막을 뜻하는 'Shield'를 합성해서 만들어보았습니다.

AstroShield
우주 비행사를 위해 개발된 셀레노멜라닌으로 만든
슈퍼 자외선 차단제

이번 가상 사례는 특히나 저의 상상에 크게 의존한 면이 있습니다. 당연하게도 이런 콘셉트를 실제로 실행에 옮기다 보면 원가 문제나 기술적 구현의 어려움 등 수많은 난관에 부딪힐 수 있습니다.

하지만 저는 브랜드 기획 단계에서는 우리만의 날 선 컨셉을 '자유롭게' 구상해보길 권합니다. 설령 가설 검증 과정에서 초기의 아이디어들이 깎여 나갈 수 있겠지만, 결국 남들과 차별화된 브랜드를 만들 가능성이 높아진다고 믿기 때문입니다.

처음부터 실현 가능성에 과도하게 초점을 맞추다 보면, 결국 시장의 기존 브랜드들과 별반 다를 바 없는 평범한 존재가 되어 오히려 더 위험할 수 있다고 생각합니다.

브랜드명

AstroShield

콘셉트

우주 비행사를 위해 개발된 셀레노멜라닌으로 만든(HOW)

슈퍼 자외선 차단제

파사드

- NASA의 우주 비행사들은 지구의 보호 자기장 밖에서

  강력한 자외선과 방사선에 직접 노출된다.

- 이를 대비하기 위해, 인체에 존재하며 자외선을 99.9% 차단하는

  페오멜라닌의 일부 구성 요소를 암 예방에 중요한 역할을 하는

  셀레늄으로 대체해 셀레노멜라닌을 개발했다.

- 이 셀레노멜라닌을 활용해 만든 자외선 차단제가

  바로 'AstroShield'

- 패키지 디자인

- 재질 : 우주 비행사들이 사용하는 장비 느낌을 살린

  알루미늄 튜브 + 원터치 캡

- 컬러 : 1959년 제임스 모다렐리에 의해 개발된

  미트볼 로고의 컬러 라벨

- 심볼 : NASA브랜드 정식 라이선스를 통해 미트볼,

  웜 로고 심볼로 삽입

- 박스 : 우주 비행사 서바이벌 키트를 모티브로 한

  박스 구성과 디자인

- 한정판 제품

- 아폴로 에디션 : 아폴로 미션에서 영감을 받은 레트로 감성 패키지

- 존 영 에디션 : NASA 역사상 최장기간 임무를 수행한 전설,

  존 영을 기리는 패키지

- 코노넨코 에디션 : 우주에서 878일, 누적 체류 시간 신기록을

  기록한 코노렌코를 기리는 패키지

▪ 팝업 스토어

- 콘셉트 : 2025년 상용화를 앞둔 세계 최초 우주 라운지

  넵튠 내부를 모티브로 제작된 팝업 스토어

- UV 체험존 : AstroShield가 자외선 차단에 얼마나 효과적인지

  고객이 체험하는 공간

- 카페존 : 우주 비행사들이 실제로 먹는

  '우주식'에서 영감을 받은 식음료 제공

• 바이브

▪ 향

우주의 향 '불에 탄 스테이크, 금속, 라즈베리'

'무엇을(WHAT)?'로
사우나 브랜드
이야기 만들기

브랜드명

_____

_____

_____

콘셉트

_____

_____

_____

에센스

_____

_____

_____

파사드

_____

_____

_____

- 메뉴

- 인테리어

- BGM

- 향

사우나 브랜드를 만든다고 가정해보겠습니다.

저는 2014년에 방영된 tVn 드라마 〈미생〉을 참 좋아합니다. 특히 철강팀 강해준 대리가 사우나에서 장백기에게 "난 원래 한 주의 마무리는 사우나에서 하거든."이라고 시크하게 말하는 장면을 좋아합니다. 일주일에 두세 번은 사우나를 즐기는 입장에서 격하게 공감이 되었기 때문입니다.

최근 들어, 다시 한번 내 브랜드를 만든다면 어떤 브랜드를 만들까 고민하고 있습니다. 많은 후보가 있지만, 사우나는 그중에서도 저의 강력한 후보입니다. 앞서 여러분과 함께 만들어본 사례들과 달리, 이 사우나 브랜드는 머지않은 미래에 꼭 직접 만들어 이용해보고 싶습니다.

전통적인 업종에서 차별화된 콘셉트를 구축하는 과정을 보여드린다는 점에서도 나름 의미가 있다고 생각합니다. 제가 진심으로 있었으면 좋겠다고 생각하는 서비스들을 열거할 예정이니, 흥미가 생겨 함께 만들어보고 싶은 분들은 편하게 제 이메일로 연락 주세요.

우선 제가 만들고 싶은 사우나의 핵심 공간 단위는 '스파튜브(SPATub)'라 불리는 1인 욕조입니다. 이 스파튜브가 욕탕 전체에 산재되어 있습니다. 혼자서 쾌적하게 목욕을 즐기되, 방에 갇힌 듯 너무 혼자 고립되지는 않았으면 합니다. 이를 위해 개별 스파튜브의 각도를 모두 다르게 배치해 시선이 교차되지 않도록 하고, 주변에 파티션과 식물을 적절히 배치하면 좋겠습니다. 단, 주변을 지나다니는 사람들의 모습은 조망할 수 있어야 합니다. 외롭지 않아야 하니까요.

　이 같은 생각은 1950년대 오피스 업계에 등장한 '뷔 로 란트 샤프트(Bürolandschaft)'라는 개념에 기초하고 있습니다. 뷔 로란트 샤프트는 50년간 이어져온 획일적인 공장식 테일러 리스트 오피스(Taylorist Office)의 틀을 깨는 첫 사조로, 1958년 볼프강 슈넬레(Wolfgang Schnelle)와 에버하르트 슈넬레(Eberhard Schnelle) 형제가 제안한 개념입니다. 파티션과 식물 등을 활용해서 '조직'과 '하는 일'에 맞게 유기적으로 공간을 설계하 자는 것이 골자입니다.

　한때 구글을 비롯한 여러 기업이 소통과 협업을 강조하 며 도입한 '개방형 사무실'도 이 뷔 로란트 샤프트에 뿌리를 두 고 있습니다. 너무 거창하게 말씀드린 감이 있는데, 요약하면 저는 이 개념으로부터 '느슨한 연결'을 차용하고 싶었습니다.

　스파튜브의 물속에 몸을 담근 상태에서는 '책'을 볼 수 있었으면 합니다. 방수 e북을 플로팅 테이블 위에 올려 놓고, 독서를 즐기고 싶습니다. 오직 독서만 가능한 e북이면 좋겠습 니다. 클렌징 주스 한잔도 함께 곁들이며 깊은 휴식을 즐깁니 다. 자, 사우나 브랜드의 콘셉트가 나왔죠?

　▪ 콘셉트 : 책 읽는 사우나

욕탕 벽면의 인공 창을 통해 눈 내리는 풍경이 펼쳐집니다. 계절과 시간에 따라 바닷가, 노을이 지는 하늘, 조용한 숲속 등 다양한 배경으로 모습이 바뀌며, 이에 맞춰 BGM도 변화합니다. 눈 내리는 설원에는 앰비언트 음악의 대가 요시무라 히로시(Yoshimura Hiroshi)의 음악이, 열정적인 바다에는 오데자(Odesza)의 음악이 풍경을 채웁니다.

개인적인 취향으로 인해 욕탕을 중심으로 이야기하긴 했지만, 사우나 시설 또한 결코 소홀히 할 수 없습니다. 핀란드 본토의 기술을 느낄 수 있게 '하르비아(Harvia)', '틸로(Tylö)' 등을 들여오면 좋겠습니다.

다만, 저는 땀을 빼고 난 이후의 경험에 더욱 집중하고 싶습니다. 열기를 가라앉히며 바(Bar)로 이동해 영양가 높은 건강식을 맛볼 수 있다면 어떨까요? 다음과 같은 메뉴들을 상상해봅니다.

- Nordic Zen Bowl : 오메가-3가 풍부한 스틸컷 귀리, 훈제 연어, 아보카도, 미역 샐러드, 크리스피 케일, 블랙 참깨 드레싱을 곁들인 핀란드 스타일의 균형 잡힌 볼
- Zen Protein Wrap : 토르티야 속에 훈제 두부, 아보카도, 비트 후무스, 채소 크런치를 가득 채워 부담 없이 즐길 수 있는 단백질 만랩
- The Fahrenheit Fix : 사우나에서 땀을 흘린 후 몸

의 전해질을 보충하는 맞춤형 스무디. 바나나, 마카 파우더, 코코넛 밀크, 피스타치오, 히말라야 소금, 데 이츠를 블렌딩한 크리미한 에너지 부스터

- Polar Glow Shot : 강렬한 한 잔으로 사우나 후 몸을 깨워주는 힐링 샷. 비트 주스, 카옌 페퍼, 사과 사 이다 식초, 생강, 타트 체리가 신진대사를 활발하게 해주며 염증을 완화

배를 든든히 채운 뒤에는 시원한 곳에서 생각을 정리할 수 있으면 좋겠습니다. 욕탕을 나와 아날로그 감성이 느껴지는 서재로 향합니다. 브랜드에서 큐레이션한 책들을 살펴보는가 하면, 책상에 놓인 메모지에 생각을 끄적여보기도 하는 거죠.

이때 차분함과 재충전의 기분을 느끼게 해주는 샌달우 드와 유칼립투스 향이 공간에 은은하게 퍼집니다. 모든 감각이 정돈되며, 몸과 마음이 한결 가벼워짐을 느낍니다.

아주 거칠게 저의 희망 사항들을 적어보았습니다. 이를 바탕으로 파사드를 다음과 같이 정리해봅니다.

- 파사드 : 욕탕에 앉아 방수 e북으로 책을 보고, 클렌 징 주스를 마시며 한 주의 피로를 풀 수 있는 곳. 창 을 닮은 벽면 디스플레이로는 눈이 내리는 풍경이 보입니다. 허기가 지면 잠시 나와 바에서 건강식을

즐기고, 서가에 꽂힌 책을 뒤적이며 지적 갈증을 채웁니다. 떠오르는 생각들을 메모지에 적으며 한 주를 되돌아봅니다.

내친김에 컨셉과 브랜드명까지 만들어보았습니다.

책 읽는(WHAT) 사우나,
우나 서울(UNA Seoul)

이 브랜드를 기획하는 동안 제 머릿속에는 '몸과 마음의 재충전, 근사함, 자신을 돌봄, 교양과 양질의 먹거리 섭취' 같은 에센스들이 맴돌았습니다.

이 모두를 집약적으로 담아낼 수 있는 수식어가 무엇일까 고민했고, 저는 '책 읽는'이라는 짧은 표현이 제가 지향하는 가치와 분위기를 오롯이 대변한다고 느꼈습니다. '사우나'라는 단어와 다소 이질적이면서도 묘하게 어우러지는 조합이 마음에 들었던 거죠. 여러분도 마음에 들었으면 좋겠습니다.

UNA Seoul

책 읽는 사우나

욕탕에 앉아 방수 E-book으로 독서를 하고,

클렌징 주스를 마시며 한 주의 피로를 풀 수 있다.

창을 닮은 벽면 디스플레이로는 눈이 내리는 풍경이 보인다.

허기가 지면 잠시 나와 바에서 건강식을 즐기고,

서가에 꽂힌 책을 뒤적이며 지적 갈증을 채운다.

떠오르는 생각들을 적으며 한 주를 되돌아본다.

이곳은 책 읽는 사운나, 우나 서울이다.

- **욕탕**

- 배치 : 1950년대 등장한 '뷔 로란트 샤프트' 개념을 적용한 1인 욕탕

- 방수 E-book : 물속에서도 책을 편하게 볼 수 있도록

  책을 거치할 수 있는 플로팅 테이블과 함께 배치

- 인공 창 : 벽면에 인공 창을 디지털로 구현해서 다양한 풍경을 제공

- **사우나**

- 핀란드 본토의 기술을 느낄 수 있는 하르비아, 틸로 등을 사용

- **메뉴 예시**

- 사우나 후 즐길 수 있는 디톡스 주스와 영향 균형을 맞춘

  건강식 플레이트 제공

- 카페인 대신 허브티 & 로우 푸드 콘셉트의 메뉴 구성

- **사색 공간**

- 서재 : 브랜드에서 큐레이션한 책들을 살펴볼 수 있는

  아날로그 느낌의 서재

- 비치된 메모지와 펜으로 사색을 정리할 수 있는 공간

- 일반적인 카페 같은 분위기가 아닌 '조용한 집중 공간'으로 디자인

- 욕탕에서 나와 한 주를 되돌아보는 '다이어리 데스크'

- 독서를 하다가 졸음이 오면 편히 쉴 수 있도록

  리클라이닝 좌석 배치

- 윌리엄 모리스 레드 하우스를 모티브로 삼는다.

- 기념

- 고정된 카메라의 뷰를 통해 자신의 모습을 담은 뒤

  간단한 메시지와 함께 전송

- MD 하루의 불쾌함을 날리는,

  재충전에 도움을 주는 브랜드의 에센스를 담은 목욕 용품들

바이브

- BGM

인공 창의 풍경에 맞춘 음악들(예시: 발리 비치 클럽, 일본 료칸 등)

- 향

차분함과 재충전의 기분을 느끼게 만들어주는

샌달우드, 유칼립투스 향. 서재는 바닐라 & 가죽 향.

당신의
'텅 빈 브랜드'에
이 책이 꼭
필요한 이유

책을 쓰면서 가장 힘들었던 순간은 이 질문이 불현듯 머릿속에 떠오를 때였습니다. 부정적인 생각이 들 때는, 일상에서 마주하는 상품과 서비스들이 '이야기' 없이도 너무나 잘 소비되는 것처럼 보였습니다. 급기야 누군가는 '그냥 예쁘고 제품력 좋으면 되지. 뭘 이렇게까지 구구절절 이야기 하나?'라고 할 것만 같았습니다.

하지만 그런 위축되는 생각이 들 때마다 저는 스스로를 돌아보았습니다.

밀크티 하나를 사더라도 패키지와 리플릿 속 이야기를 한 자 한 자 곱씹어보는 저는, 결국 이야기를 너무나도 좋아하는 사람이었습니다. 이 책을 계기로 매력적인 이야기를 가진 브랜드가 조금 더 많아졌으면 좋겠다는 생각으로 마음을 다잡았습니다. 어쩌면 이 책은 순전히 저를 위한 것이기도 했습니다. 나와 비슷한 사람들이 분명 존재할 것이고, 이 책을 반가워해줄 것이라 기대하며 다시 글을 써내려갔습니다.

15년 넘게 타인의 브랜드를 돕고, 나만의 브랜드를 만들어보며 '텅 빈 것 같다'는 기분이 들 때가 많았습니다. 조금이라도 다른 브랜드와 차별화되기 위해 제품력을 높이고, 시각적인 요소를 가꾸는 것만으로는 부족하다는 생각이 어느 순간부터 강하게 들었기 때문입니다.

그 공허함을 채우기 위해서는 그럴듯해 보이는 추상적인 개념이 아니라, 구체적인 방법론이 필요했습니다. 그만큼 저 스스로가 절실하게 필요로 했기에, 어느 책보다도 창작의 과정을 세세하게 다뤘다고 자부합니다.

여러분의 '텅 빈 브랜드 채우기'에 저의 생각과 관점이 도움이 되길 진심으로 바랍니다.

ps. 이 책이 세상에 나올 수 있었던 건, 엔스파이어와 집무실에서 오랜 시간 고락을 함께해준 동료들 덕분입니다. 우리의 지난 여정이 누군가에게는 도움이 될 결과물로 남게 되었다는 반가운 기분을 그분들께 전하고 싶었습니다. 이 책을 빌려 동료들의 묵묵한 헌신과 진심 어린 노고에 깊은 감사의 마음을 전합니다.

브랜드, 결국 이야기다

초판 1쇄 발행 2025년 4월 16일
초판 2쇄 발행 2025년 5월 2일

지은이 김콜베(김성민)
펴낸이 최순영

출판1 본부장 한수미
라이프 팀장 곽지희
편집 김소정
디자인 굿베러베스트

펴낸곳 ㈜위즈덤하우스 **출판등록** 2000년 5월 23일 제13-1071호
주소 서울특별시 마포구 양화로 19 합정오피스빌딩 17층
전화 02) 2179-5600 **홈페이지** www.wisdomhouse.co.kr

ISBN 979-11-7171-406-3 03320